JN293908

マジカルトイボックスの
アイデア&ヒント+77

金森克浩 編著

障がいの重い子の
「わかる」「できる」みんなで「楽しめる」

エンパワメント研究所

はじめに

　本書は前著『アイデア＆ヒント123　障がいの重い子の「わかる」「できる」みんなで「楽しめる」』(巻末広告参照)の続編です。マジカルトイボックスのメンバーが実践した内容や仲間から得られた情報など、新しいアイデアをまとめました。
　構成は「遊び・ゲーム」「音楽」「生活」「落下装置」「スイッチの工夫」「カメラ」「ゲームパッド」「パソコン」「役立つWeb情報」「環境設定・考え方」の10項目となっています。この中から1つでも、2つでもヒントにしてもらい、学校の授業や家庭の生活に生かしてもらいたいと考えています。
　また、今回は「マンガAAC入門」として4コマ漫画の「トイちゃんとマジカちゃん」のお話仕立てでAACやシンプルテクノロジーに関係する基本的なお話の紹介をしました。初めてAACについて学ぶ人に、見て理解してもらおうと作られたものです。この本をきっかけにコミュニケーション支援の考え方が広がってもらいたいと願っています。
　本書の内容についてより深めたいとお考えの方は、マジカルトイボックスのWebをご覧ください。イベント案内や新しい情報を紹介していきたいと考えています。

編集代表　金森克浩

注）本書では「障害」を「障がい」と表記しています。

CONTENTS

はじめに　3

1　遊び・ゲーム

- 1　オセロゲーム　10
- 2　トランプのカード立て　11
- 3　かるた遊びをするには　12
- 4　ボウリングをもっと楽しもう　13
- 5　ひとりでおもちゃ遊びをするために　16
- 6　ラジコンのコントローラーを工夫する　17
- 7　ゴム鉄砲の引き金を引く（活用のアイデア）　20
- 8　BDアダプター（細く切って入れる）　21
- 9　ラジコンでも車いすを動かせる　22
- 10　ペットボトルのふたで感触おもちゃ　23
- 11　ラジコンのアイデア（走らせないで遊べる）　26

2　音　楽

- 12　ひもを引っ張ってつりチャイムを鳴らす　27
- 13　回転盤を利用して打楽器叩き器を作る　28
- 14　ピエゾピックアップを利用する　29

3　生　活

- 15　チャイルドスイッチを利用する　32
- 16　赤外線リモコン　33
- 17　針金でバナナを切る　34
- 18　携帯電話（イヤホンマイクを使う）　35
- 19　携帯電話のバーコードリーダーを活用する　36
- 20　筆記具フォルダーを工夫する　37
- 21　黒い調理器具を利用する　40

4 落下装置

- 22 落下装置を作る 41
- 23 落下装置で牛乳をミキサーに入れる 42
- 24 落下装置を使ってスライムを作る 43
- 25 金魚に餌をやる 44
- 26 落下装置でビーズを落としてドラムを鳴らす 45

5 スイッチの工夫

- 27 ピエゾニューマティックセンサースイッチ 48
- 28 スイッチの後ろにすべり止めを貼る 49
- 29 スイッチの上にボタン 50
- 30 スイッチの表面の材質を変える 51
- 31 グラップボールでひもスイッチ 54
- 32 スイッチのフィッティングにクーラントホースを活用する 55
- 33 足の親指で使うサンダルスイッチ 58
- 34 押しスイッチが使えなくても握りスイッチなら 59
- 35 握りスイッチを2つ使う（2スイッチ・ワープロ） 62
- 36 モノラル分配器で2つのスイッチを使う 63

6 カメラ

- 37 カメラのシャッターを切る（パソコン編） 66
- 38 スイッチでカメラのシャッターを切る（サーボモーター編） 67
- 39 デジタルカメラのシャッターを押す工夫 68
- 40 シャッターボタンで電源が入るカメラを利用する 69
- 41 Webカメラを使えば、レンズの向きも変えられる 70
- 42 回転台を使ってカメラの向きを変える・指差す 71

7 ゲームパッド

- 43 ゲームパッドをスイッチインターフェイスにする 74

44　ゲームパッドスイッチインターフェイスでマウスクリック　75
45　Tab／Enter でパソコンを操作　76
46　ショートカットキーを利用して音楽鑑賞　77
47　スイッチで和音伴奏　80
48　パワーポイントのスライドジャンプをスイッチで　81
49　パワーポイントでも「選択／確定」　82
50　Tab と Enter の組み合わせを工夫する　83
51　ゲームパッドでマウスカーソルの操作　84

8　パソコン

52　アクリル板とマイクロスイッチでタッチパネル　85
53　「Swifty」と「できマウス。」　88
54　タッチパネルで絵を描こう　89
55　スクリーンキーボード＋ねころびマウス　90
56　ジョイスティックにキーガードを取り付ける　91
57　パワーポイントで作ったソフトを使う際のアイデア　92
58　プロジェクターのスクリーンの工夫　93

9　役立つ Web 情報

59　「FPSECSL（福島県養護教育センターソフトウェアライブラリ）」　96
60　「Hearty Ladder（ハーティー　ラダー）」　97
61　「FLASH 教材試作室」　98
62　「kanzasoft」　99
63　「教育支援ソフト」　100
64　「DROPLET PROJECT」　101
65　AT についての Web 情報源（こころ Web → AT2ED）　102
66　「ＯＣＴくんと学ぼう」　103
67　特別支援学校の授業に役立つ自作創作教材・教具　106

※本書の中で『アイデア＆ヒント123　障がいの重い子の「わかる」「できる」「みんなで楽しめる」』についてふれる際には、『アイデア＆ヒント123』と表記してあります。

10　環境設定・考え方

- 68　絵本読みのアイデア（子どもが主導権）　107
- 69　「できない」ことを個人因子と環境因子から評価する　110
- 70　子どもにわかりやすい提示・環境設定　111
- 71　VOCAを活用した効果音のフィードバック　112
- 72　音と光を使ったフィードバック　113
- 73　写真カードの提示の仕方　116
- 74　大きな画面を使って集会を成功させる　117
- 75　トイレ指導（教員が絵カードを指し示す）　120
- 76　リモコンリレー（活用のアイデア）　121
- 77　手作り視線ボード　124

☀マンガＡＡＣ入門

- 1　子どもからの働きかけを待ってあげること　8
- 2　ＡＴって何？　14
- 3　ＢＤアダプターって何？　18
- 4　機器は壊れやすい？　24
- 5　音楽を演奏する　30
- 6　ひもスイッチって？　38
- 7　どんなスイッチがあるの？　46
- 8　スイッチで広がる世界　52
- 9　スイッチの固定の仕方　56
- 10　ラッチアンドタイマーとは　60
- 11　棒スイッチって？　64
- 12　イメージするだけでものが動かせる？　72
- 13　パソコンにスイッチをつけるにはどうすればいいの　78
- 14　メッセージＶＯＣＡに何を入れる　86
- 15　スイッチのプラグは共通規格　94
- 16　ＡＡＣって何？　104
- 17　シンボルって何？　108
- 18　ＶＯＣＡって何？　114
- 19　文字盤とは　118
- 20　交流電源リレーって何？　122

あとがき　125

子どもからの働きかけを待ってあげること

マンガＡＡＣ入門※1

　なぜ支援機器を使うのでしょうか？　学校では指導内容を豊かにするために使っている人もいるかもしれません。最も大切なことは「子どもからの働きかけを引き出すため」ではないでしょうか。学びとは、対象に主体的に働きかけることで、自分の力になるものです。どんなに障がいの重い子どもたちもそれは同じはずです。

　しかし学校で往々にして見かけるのは「授業を円滑にすすめるため」に、子どもたちの手を持ってスイッチを操作している場面です。これでは、本人ができたことにはなりません。また、子どもたちも、先生が援助してくれるから自分で手を動かさなくてもいい、という「学習」をしてしまうのではないでしょうか。もちろん、動きを促すために操作して見せたり、身体の動きを補助することは必要ですが、大切なのは子どもからの働きかけです。

　もう一つ大切なことは、子どもの時間と大人の時間は違うということです。子どものペースで見守り、今手を出そうとしていることが本当に必要なことか、10秒数えてから働きかけてみませんか？

1 オセロゲーム

オセロゲームといえば、ユニバーサル・デザインが実現されたおもちゃとして有名です。コマの色が白と黒であり、コントラストがはっきりとしているため、視覚に障がいがあっても認識しやすく、製品によっては、表と裏に凸凹をつけて、手でさわって表裏の判断ができるものもあります（写真①）。ところで、写真のオセロゲームはさらに2つの工夫がされています。一つはコマを入れるところに貼り付けられたテープです。もともとは、コマのケースのふたについている細いつまみに指を引っかけてひねって開けるようになっているのですが、まひのある子どもにとってはこの動作は難しいケースがあります。そこで、ふたにテープを貼りその部分をつまんでケースの開け閉めができるようにしてあります。

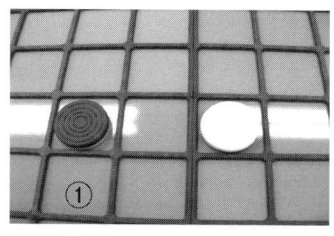

もう一つの工夫は、盤面のマスすべてに数字を振ってあるところです（写真②）。このようにするとマス目上にコマをおくことが困難であっても、「56に黒を置いてください」などと指示をすることでゲームを進めることができます。

なお、オセロゲームは、縦の列を1～8の数字で、横の列をa～hまでのアルファベットで位置を指定する方法が正式だそうですが、写真の例のようにマスのすべてに数字をふって子どもにわかりやすい形にアレンジをしてもよいでしょう。

オセロゲームは、パソコン用のソフトとしてもいくつか作られており、パソコンと外部スイッチなどを使って1人で楽しむこともできますが、休憩時間に仲間と気軽に遊ぶこともオセロゲームの魅力なのではないかと思います。このようなシンプルな工夫をしたオセロ盤が教室の隅に置かれていてもよいのではないでしょうか。

2 トランプのカード立て

　子どもたちとカードゲームをするときにはどうしているでしょうか？　先生がカードを持って「これにする？」などと聞きながら、カードを見せているのではないでしょうか？　たくさんのカードを手に持つのは上肢に障がいのある子どもたちにとっては困難です。手の操作性が発達していない小さな子どもでも、扇形にカードを広げるのは苦手です。

　それでも、ちょっとした工夫でカードを並べることができます。写真①のカード立ては厚紙を蛇腹に3回折っただけのものです。これで十分にカードを並べることができます。ただ、カードの絵が見えにくくなるので、写真②のように角材と厚紙で作れば、形が崩れることなくしっかりと支えてくれます。こうすればカードを他の子どもから見られることもなく、一緒に楽しむことができます。

①厚紙で作った簡単なカード立て

②角材に厚紙をはさんで作ったカード立て

1 遊び・ゲーム

3 かるた遊びをするには

　かるたはお正月遊びの定番ですが、取り札を広い範囲に並べると手が届かない子どももいます。そのようなときには棒を持って、棒を手の代わりとして使うというケースも多いのではないでしょうか。

　しかし、棒を使ってスピーディーに取り札を指定するのは意外と難しく、他の子どもが気を遣って取らないようにしたり、教員と一緒にやることで、子どもの活動を奪ってしまっていることもあるのではないでしょうか。

　そこで、筋ジストロフィーなど手の巧緻性（こうちせい）の高い子どもの場合におすすめなのが、レーザーポインターです（写真①）。レーザーポインターは、小型で軽量なものが多くなってきており、巧緻性が高ければ取り札を指し示すことが可能です。

　また、声の出せる子どもの場合には、取り札にランダムに数字の描いた付箋紙を貼っておくという方法もあります（写真②）。取り札を取るときには札に貼られている数字を読みあげます。すべてのカードを使うのでなく、必要に応じて札の枚数を減らしておいてもよいでしょう。これらの方法は、トランプの神経衰弱をするときなどにも応用できます。

①　　　　　　　　　　②

4 ボウリングをもっと楽しもう

ボウリングは、肢体不自由の子どもの定番のゲームです。小さな動きや弱い力でもボールを投球台から転がすことができれば大きなリアクションが得られ、チームで楽しめるゲームです。しかし、その投球台の方向を決めるのを教師や支援者がやってしまうことが多くないでしょうか。子どもが自分で投球する方向を決定できればゲーム性はますます向上します。

自分で方向を変える仕組みとして、投球台の下にテレビの回転台を置いておくという方法があります（写真①）。この場合、ボールが転がっている間に回転台が動かないように押さえておくしくみも必要になります。

また、技術で勝負するというよりは偶然を楽しむことが中心になりますが、真球でないボールを使う方法があります。写真②のボールは新聞紙を芯に体育館用のラインテープでぐるぐる巻きにしたものです。このボールはころころとよく転がるのですが、表面がデコボコしているので真っ直ぐには転がりません。そのため、同じ投球台とボールで転がしても毎回違ったコースで転がっていきます。

写真③のように、ボールに比べて投球台の幅を広くとる方法もあります（『アイデア＆ヒント123』の「57・広い幅のボーリング台を使う」で紹介）。こちらもボールが微妙に左右に転がり、毎回異なるコースに転がります。このような工夫をすることで誰が転がしても同じコースになることがなくなり、より楽しめます。

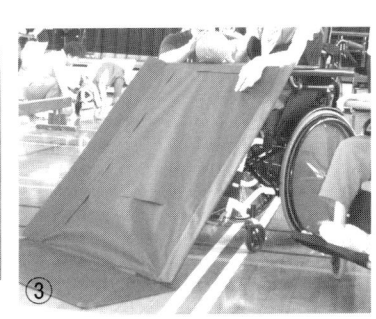

① ←テレビの回転台
②
③

1 遊び・ゲーム

ATって何？

コマ1:
AT
ATって知ってる？

コマ2:
at…前置詞…で…において etc. とあるよ

コマ3:
AT（オートマチック）車かな？

コマ4:
AT
↳ Assistive Technology
障がいのある人をアシスト（支援）するテクノロジー（技術）のことよ

ATとはAssistive Technologyの頭文字をとった言葉で一般に支援技術と訳されています。この他に「福祉情報技術」や「情報手段活用による教育的支援」などといわれることもあり、そのままの「アシスティブテクノロジー」が一番わかりやすいかもしれません。

アメリカの法律では、

「支援技術機器とは、買ってきた、あるいはそこにあったものか、手直しされたか、個人に合わせて作られたかにかかわらず、障がいのある人の機能を増大、維持、または改善するために使われるあらゆる装置、装置の部分、システムを指す。

支援技術サービスとは、障がいのある人が支援技術装置を選ぶ、手に入れる、使用することを直接助けるあらゆるサービスを指す」

とされています。ちょっと難しいですね。

要するに前者はATそのものの説明、後者はATを必要とする人にどのように提供し、どのように活用するかを定義しています。

教育の場面と福祉の場面でATを考えるときに気をつけなければならない点があります。教育の場面においては、「指導」の道具との違い、福祉の場面においては、「支援者」の視点に立った機器との違いを考慮しなければならないことです。どちらにしても大切な視点は「本人が主体になってそれを使うことを決定できるか」です。もちろん、さまざまな面でATは有効なのですが、関わる側が主体になってしまうものはATとは呼べないでしょう。

1 遊び・ゲーム

5 ひとりでおもちゃ遊びをするために

　家庭では調理や洗濯、掃除などさまざまな家事をするために子どもの相手ができない時間がずいぶんとあるものです。学校でもトイレ介助の時間、給食前後の時間、休憩時間などがそうです。こんな時間に子どもだけでおもちゃ遊びができるように工夫をしたら、子どもは退屈をせずに豊かな時間を過ごすことができるようになります。しかし、ちょっとの時間でも子どもだけで遊んでいられるような環境を用意するには、日頃からの準備と工夫が必要です。

　「わかる」「たのしい」「できる」の3要素の視点から検討しておもちゃを用意するようにしてみましょう。

　ひとり遊びをするときには、これまでに遊んだことのある「わかる」おもちゃで遊ぶようにします。

　「たのしい」については、手加減で変化するようなおもちゃはスキルアップが楽しく、あきがきません。音量など強い刺激を繰り返すことで苦痛にならないかどうかの想像力も必要です。他の子に苦痛を与えないかについても考慮が必要です。

　問題は「できる」です。遊んでいるうちにスイッチの位置がずれたり、子ども自身が移動したりして遊べなくなってしまうことがよくあります。安全に配慮しながら、確実に遊べるように工夫することが必要です。操作するポイントは、子どもの可動域内に設定して、かつ、操作した後に子どもが元の姿勢に復元できる位置に設定することで、吊り下げたビニールボールなどは、叩いても再び可動域に戻るので、よく使われるおもちゃの工夫です。

6 ラジコンのコントローラーを工夫する

　子どもは自動車や電車などの乗り物が大好きです。乗り物のおもちゃなどが動く様子を見ているだけでも楽しいのですが、やはり自分で動かす楽しみは格別です。そこで、ラジコンの自動車を動かすことを思いついたのですが、ラジコンのコントローラーは小さいものが多く、なかなか上手に扱うことができません。そこで、コントローラーのスティックに棒を継ぎ足してみました。ところが、予期しない方向に車が進んでいってしまうことが多かったので、外部スイッチを使って、直進だけできるようにしてみました。

　コントローラーを改造してスイッチジャックを取り付けるのは、製品によっては意外と手間がかかり、難しい場合もあります。簡単な方法として、コントローラーのスティックをガムテープなどで固定して、電池ボックスにBDアダプターを差し込むと便利です。これだと直進しかできないので、予想しない方向に自動車が暴走したりすることもありません。ラジコンの他にもモメンタリー型（押している間だけ作動する）のスイッチを使ったおもちゃなどにも応用することができそうです。

レバーをガムテープで固定する

コントローラーにBDアダプターをセットする

1 遊び・ゲーム

BDアダプターって何?

長いしっぽみたいのなあに?

「BDアダプター」っていうのよ

Battery Device Adapter

ここを電池ボックスに入れて
ジャックにプラグを入れるの

BDアダプターを使うといろいろなスイッチにつなげて操作できるのよ

離れたところでも動かせるんだね

BDアダプターとはBattery Device Adapterのことで、電池で動くおもちゃなどをスイッチで操作するための機器です。円盤状の部分は、間に電流が流れない板がはさまっていて、この薄い板を写真②のように電池ボックスのすき間にはさみ込むと、おもちゃの電流が止まるようになっています。電流が流れないとおもちゃは動きませんが、BDアダプターに操作するためのスイッチをつけてそのスイッチをONにすれば、おもちゃの回路に電流が流れ、動き出します。つまり、BDアダプターにつけたスイッチでおもちゃを操作できるようになるのです。

　BDアダプターが使えるおもちゃは名前のとおり電池で動く物に限られています。家庭用の100Vの交流電源には使えません。

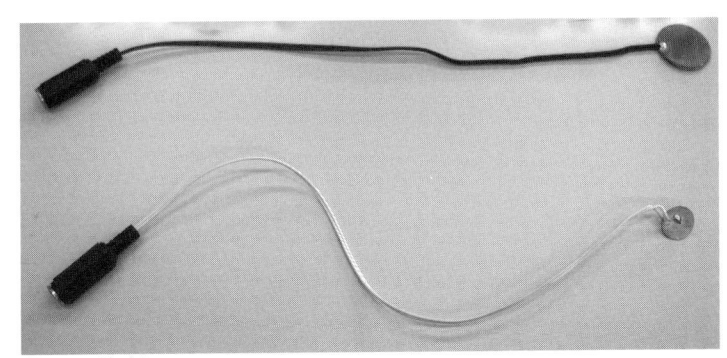

①BDアダプター

円盤がはさみ込まれている

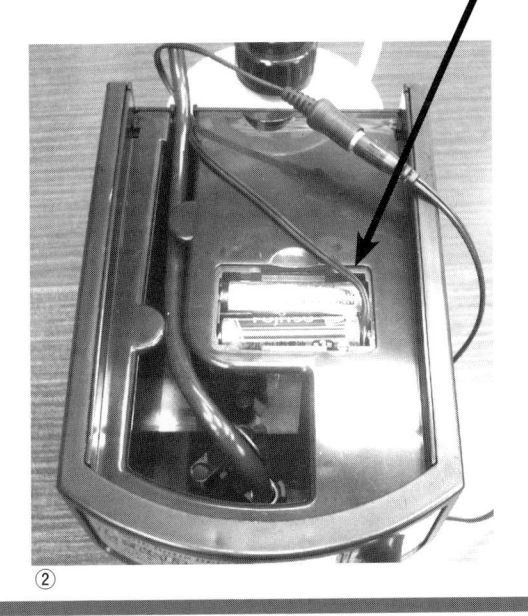

②

1 遊び・ゲーム

7 ゴム鉄砲の引き金を引く（活用のアイデア）

　おもちゃのゴム鉄砲は、強くゴムを張っても引き金を引かなければ輪ゴムが飛び出したりはしませんが、引き金をちょっと引くと輪ゴムは勢いよく飛んでいきます。この仕組みを応用して、効果抜群の演出を工夫してみましょう。

　引き金の引き方はさまざまに工夫できます。引き金の握りにひもを結んで、ひもを引く方向にひもが通る輪を固定して、この輪に通せば、ひもはどちらの方向に引っ張っても引き金を引くことができます（写真①②）。ひもをつかむ部分を軽い発泡材で握りやすく工夫するとよいでしょう。電動おもちゃの移動や回転を利用したりソレノイドという機器を使えば、スイッチでも引き金を引くことができます。

　発泡スチロール製の飛行機の機体がすべるように溝をつけた銃身を作り、輪ゴムを銃身の先端に留めれば、飛行機を飛ばすこともできます。

　バネ付きコリントゲームやパチンコゲームのレバーにひもを結んで、レバーを引いた状態でゴム鉄砲にかければ球を打ち出すこともできます。

　銃身を上に向けて、ヘリウム入り風船のひもの輪をかけておくと、風船を上げることができます。銃身を下に向け設置すると、吊り下げたものを落とすことができます。

　箱のふたの留め金をゴムにして、ゴム鉄砲に留めておくようにすれば、ビックリ箱ができます（写真③）。天井から逆さに吊るすようにすれば、箱に詰めた紙吹雪などを舞うように落下させることができます。

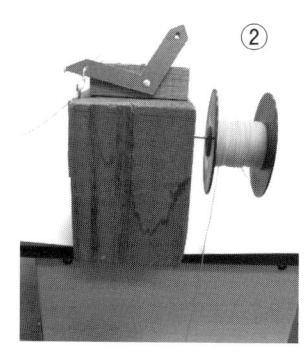

8

BDアダプター（細く切って入れる）

　さまざまな種類の音の出る絵本が出版されています。子どもたちに人気のあるキャラクターや題材が登場するので絵を見るだけでなく、音を出すことも子ども自身ができるようにしたいものです。

　子どもが絵本に埋め込まれたスイッチボタンを押すことはできなくても、BDアダプターと洗濯ばさみ、それと子どもが使えるスイッチがあれば、子ども自身の操作で音を出して楽しむことができます。

　絵本を購入したときにはボタン電池の消耗を防ぐためにプラスティックテープがはさまれていて、このテープを抜いてボタンを押して遊ぶようになっています。このプラスティックテープを抜いた穴にBDアダプターを挿し込むのです。細長いBDアダプターを作ると便利です（写真②）。通常のBDアダプターはこの穴より大きい円盤状になっているので、絵本の穴の幅に合わせて万能ばさみで切り揃えて、ラジオペンチを使って挿し込みます。あらかじめ絵本のボタンスイッチを洗濯ばさみなどで押しておいて挿し込んだBDアダプターにスイッチをつなげば操作できるようになります。洗濯ばさみでは力が不十分な場合にはミニクランプを使うとよいでしょう。

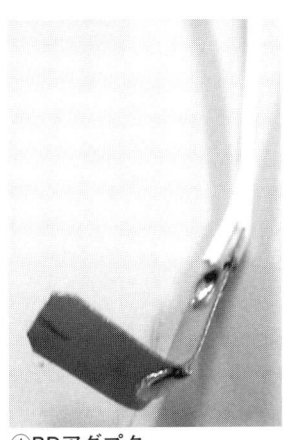

①BDアダプター　　　②

1　遊び・ゲーム

9 ラジコンでも車いすを動かせる

1 遊び・ゲーム

　通常の介助型車いすを自分で動かす方法は、『アイデア＆ヒント123』の「50・電動自動車で遊ぶ」でも紹介しましたが、小型の車いすであれば、大型のラジコンカーを使って、同様の活動ができます。

　写真①では、2台のラジコンを使って車いすを牽引しています。ここで2つのポイントがあります。一つは、2台のラジコンは同じ周波数で動くものを用意すること。周波数が同じであれば1台のコントローラーで2台のラジコンを同時に操作することができるからです。もう一つのポイントは2台のラジコンを同一直線上に並べておくことです。2台を平行に並べて牽引したくなりますが、そうすると2台が微妙に異なる方向を向いて走ってしまい、まっすぐに前進することができません。

　また、別のアイデアの紹介になりますが、ラジコンを前にだけ進むようにセットしておいて、ラジコンの自動車をペットボトル・ボウリングのボールとしてピンにぶつけて倒す遊びもできます（写真②）。この場合は、2台のラジコンの周波数を異なるようにしておくと2レーン使って、ゲームを進行することができます。ペットボトルにラジコンが衝突する音は迫力があり、意外とストライクをとるのが難しいので、楽しくゲームができます。

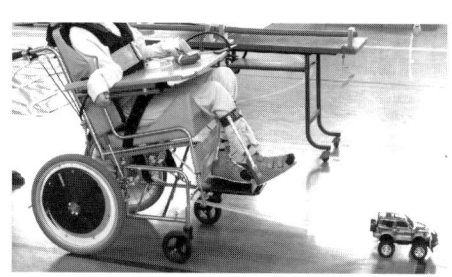

①ラジコン2台（もう1台は前方にある）を使って、車いすを牽引

②ペットボトル・ボウリングのボール代わりにラジコンを使う

10 ペットボトルのふたで感触おもちゃ

1 遊び・ゲーム

　指先の感覚は舌と同様にかなり繊細にできています。指先を動かすだけでなく、感じる器官としても十分に活用したいものです。簡単に作れる感触遊びのおもちゃを紹介します。

　ペットボトルのふたでトランプの神経衰弱のように遊びます。まず、ペットボトルのふたを偶数個用意し、次に感触遊びの素材を集めます。サンドペーパーの目の粗いものと目の細かいもの、ダンボールのザラザラしたもの、ビニールレザー、コルク、発泡スチロール、布、画用紙などです。ふたの裏側の大きさに合わせた台紙を一つ作って、この台紙に合わせてこれらの素材を2枚ずつ切り抜いて、ペットボトルのふたの裏側にボンドで貼り付けます。

　遊び方は工夫次第です。ペットボトルのふたを伏せたままにして指先でさわるだけで、最初にさわったのと同じものを探し出します。一番簡単なのは、最初にさわったふたはひっくり返して見てもよく、何回さわってもよいことにすればよいでしょう。

　ペットボトルのふたを指でうまく扱えない子どもには、見えないように子どもの手を布で覆っておいて大人が触れさせます。最初にさわった素材と同じかどうかをさわらせるたびに、「同じ」か「違う」かを子どもに質問します。当たったら得点にカウントすれば、一つひとつの吟味にも興味が増します。

　このようにして、遊びながら感覚器官を意識するようにすると、指先はよく働くようになります。

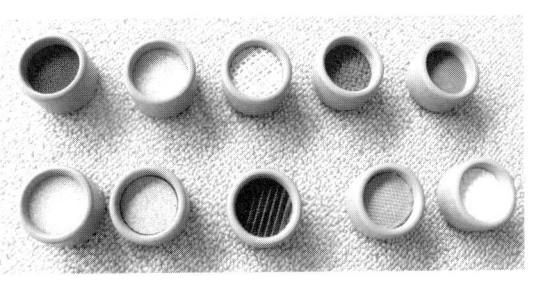

機器は壊れやすい？

コマ1:
どうして動かないのかな？

コマ2:
電池が入ってないじゃない

コマ3:
壊れたと思っていて多いのが　次のこと
① 電池の入れ忘れ
② 電池が外れている
③ 電池切れ

コマ4:
動かなかったらまずは電池を確かめてね

マンガＡＡＣ入門✲4

　おもちゃドクターに聞いたところ、おもちゃの故障の原因の多くは電池切れ、電池の液漏れで回路がつながらなくなっているなど、電池関係の原因がほとんどとのこと。よく使っているおもちゃではあまりそのようなことはないのですが、しばらく使っていなくて、久しぶりに操作しようとして動かないときには電池を疑ってみましょう。電池は、そのままにしていても自然放電しますし、ちょっとしたきっかけで中の液体が漏れてしまう場合があります。

　また、電池ボックスに BD アダプターを刺して使う場合にも BD アダプターがずれたり、すき間を作ってしまい、回路がつながらないために動作不良になったり、逆に回路がショートしてしまうこともあります。

　毎日動かすおもちゃならそのままにしてもよいでしょうが、たまにしか使わないおもちゃの場合には電池ボックスに入っている電池は必ず抜くようにしましょう。また、動かなかった場合には、電池テスターなどで電力が残っているのかどうかの確認が必要です。

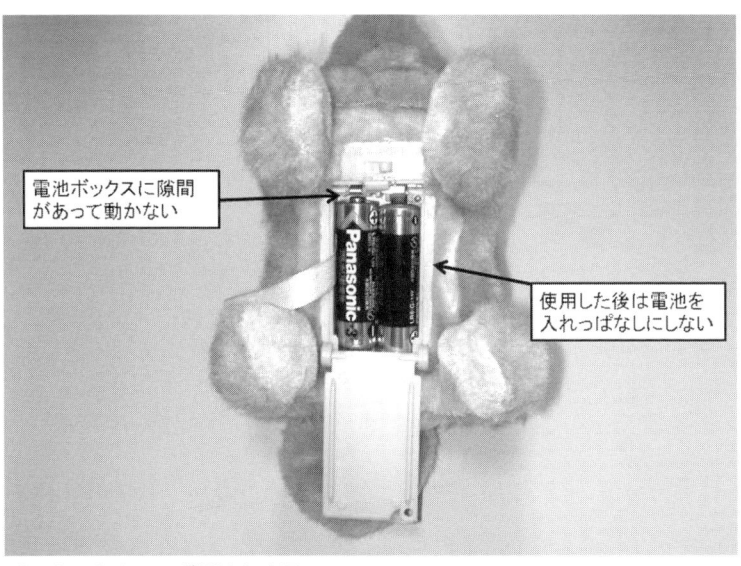

動かないときはまず電池を確認

1 遊び・ゲーム

11 ラジコンのアイデア（走らせないで遊べる）

　ラジコンカーなどの車が好きな子どもは多いのですが、姿勢などの関係で車が見えにくい、あるいは視野に入らない場合はどのようにしていますか。写真①のようにラジコンカーのタイヤを浮かせて目の前に置くと、音・振動・ヘッドライトの点灯などを楽しむことができます。自分で操作をして、間近でそれらを感じると、目の前で走っているような迫力があります。

　身体の一部に当てたり、可能であれば自分の身体の上を走らせたりすると、さらに迫力が増します（写真②③）。ある子どもは車が大好きで、身体に当てた状態でセンサースイッチ（改造したコントローラーに接続）を使って操作すると、笑顔になっていました。

　コントローラーの操作が難しい場合、コントローラーを開いてスイッチをつなげるジャックを増設する改造を行ってもよいですし、改造しなくても、ボタンやレバーをガムテープなどで動作状態のまま固定し、電池部分にBDアダプターをはさんで使うこともできます。また、持ち上げた板の上で走行させるのも楽しいものです。

12 ひもを引っ張ってつりチャイムを鳴らす

手を伸ばすことは苦手でも、引っ込めることができれば、つりチャイムを奏でることができます。

丸ゴムひもに穴の開いた円盤状のビーズをいくつか通します（①）。ゴムひもの一端を輪にしてつりチャイムの端にミニクランプなどでしっかり固定できるようにします（②）。ビーズがつりチャイムの列に当たる位置を調整してから、ビーズの前後をゴムひもの結び目で固定します（③）。もう一方のつりチャイムの端にもミニクランプを固定して、できたすき間の空間にゴムひもを通します。ゴムひもが重さでたるみすぎないように、戻り止めのビーズを通しておくとよいでしょう。

ゴムひもを引っ張ると、ビーズがつりチャイムを揺らして澄んだ響きを楽しむことができます。ゴムひもを引く腕の動きの方向が変わっても、ゴムひもを通したクランプからビーズを通したゴムひもの先端までの動きは安定して左右に伸び縮みします。

このアイデアを応用すると、ウインドチャイムを鳴らしたり、琴やギター、ウクレレなどの弦楽器を鳴らすこともできます。

初めは音が出せたというだけで楽しいものですが、次第に、音を出すタイミングや力の入れ具合で音の出方が違うことに気づいて、音の出し方にも工夫ができるようになります。

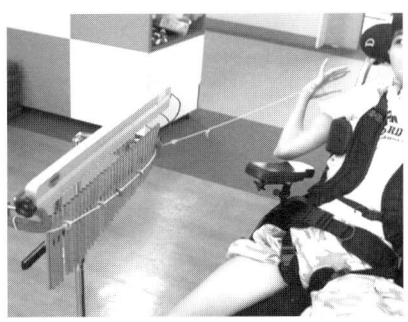

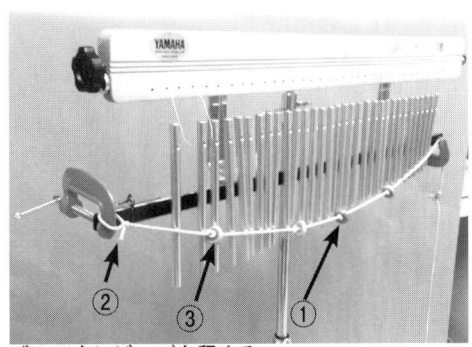

ゴムひもを引いて鳴らす　　ゴムひもにビーズを留める

2 音楽

13
回転盤を利用して打楽器叩き器を作る

　回転式になっているテレビを置く台がありますが、その台に使われている回転盤（写真①）を利用して「打楽器叩き器」をつくるアイデアです。ベアリング式の回転盤を含めて、材料のほとんどはホームセンターで入手できます。

　ひもを引っ張るとクリップホルダー（ホームセンターでモップ用壁掛けホルダーとして売られているものを利用）に取り付けた「ばち」が回転して打楽器を叩くという単純な仕組みです（写真②）。ひもは金具のガイドに通してあるので、どの方向に引っ張っても同じように「ばち」を回転させることができます。また、「ばち」は叩いた後は回転盤に取り付けてあるゴムの力で元の位置に戻るようになっています。

　楽器に合わせて「ばち」を付け替えられるのと、自在設置用にスイッチなどのマウントに使われる市販のアーム（ユニバーサルアームなど）を活用できるのが特徴です。ウィットねじ規格（W1/4）に合わせたジョイントナットを利用することでカメラ用の雲台にも取り付けられるようになっていますので、ユニバーサルアームなどがなくてもさまざまな方法で設置が可能です。

　クリップの代わりにマジックテープをねじ止めしておけば、ばち以外にもさまざまな物を取り付けることが可能です。写真③のようにマジックテープを使いコップや瓶などを回転盤に固定すると、容器の中身を空けるのに使ったり、ボールを転がしたりするのにも活用できます。

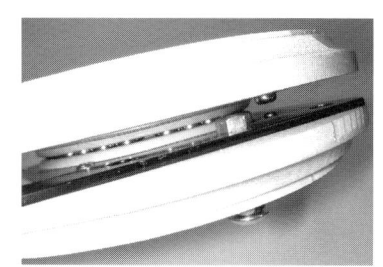

①ベアリング式の回転盤を使用

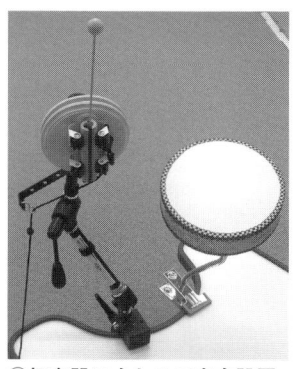

②打楽器に合わせて自在設置

③マジックテープで容器を固定

14

ピエゾピックアップを利用する

　楽器などの音を大きくする工夫を紹介します。楽器の音を大きくする方法としては、電子楽器を利用してボリュームをコントロールする方法やマイクを使って音を大きくする方法があります。マイクを使う場合は、マラカスやトーンチャイムなどを動かして音を鳴らせる楽器の場合、音をしっかりと拾うのが困難なこともあります。そのようなときには、ピエゾピックアップ（ピエゾマイク）を利用すると便利です。

　ピエゾピックアップは写真①のようなもので、楽器に直接貼り付けて使います。これは振動を電気信号に変換してくれるパーツで、楽器に限らず、木の棒や紙コップなどに貼り付けることも可能です。このピエゾピックアップは、楽器店などで購入することも可能ですが、ごく簡易なものであれば、自分で製作することもできます。

　電子パーツ店に行くと、写真②のようなスピーカー風のものも売られており、このケースの中にピエゾといわれる部品が入っています。ケースから出して使ったほうが音がよいのですが、張ったりはがしたりをする使い方をする場合には、ケースに収納したままでも使うことができます。こちらを標準ジャック（スイッチなどで利用するミニ・ジャックとは大きさが異なります）にハンダ付けし（写真③）、ギターアンプやベースアンプに接続すればOKです。子どもの小さな動きでも大きな音を出して合奏に参加することができます。

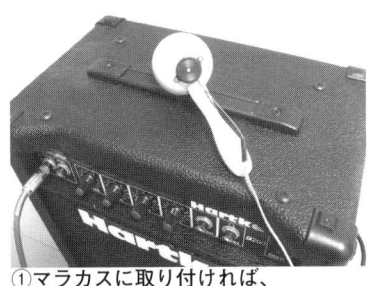

①マラカスに取り付ければ、エレクトリックマラカス

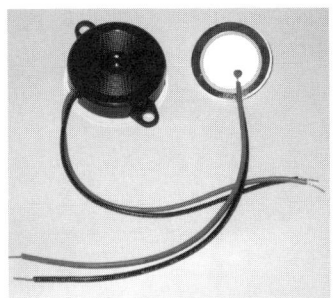

②ピエゾ素子

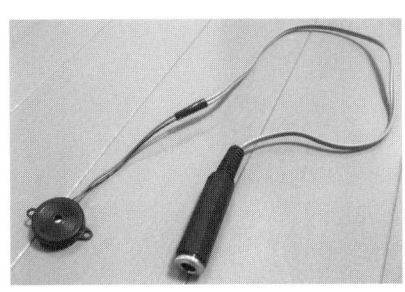

③標準ジャックを取り付ける

2 音楽

音楽を演奏する

マンガＡＡＣ入門※5

　子どもは音楽を聞くことが大好きです。でも、聞かせるだけで、自分から楽しめる経験が少なくなっていないでしょうか？　ちょっとした工夫で自分で音を奏でる楽しみを経験することができます。

　写真①はピエゾという振動を電気に変えるパーツです。これをタンバリンや太鼓などにつけて楽器用アンプにつなげれば、小さな動きでも大きな音を出すことができます。

　写真②はスチールギターです。チューニングで、あるコードに合わせれば弦を押さえない状態で鳴らせても１つのコードが鳴るようになっています。本書や『アイデア＆ヒント123』にもさまざまな合奏支援のアイデアが紹介されていますので、ぜひこれらを参考に、演奏する楽しみを子どもたちとともに経験してください。

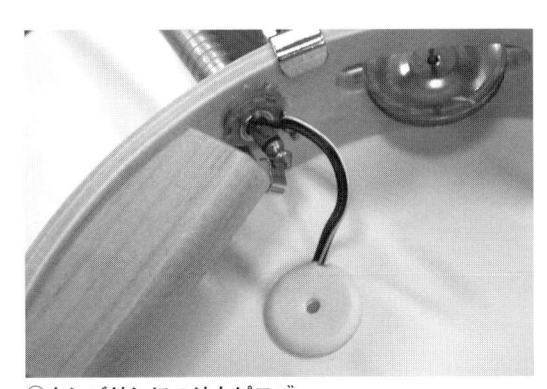

①タンバリンにつけたピエゾ

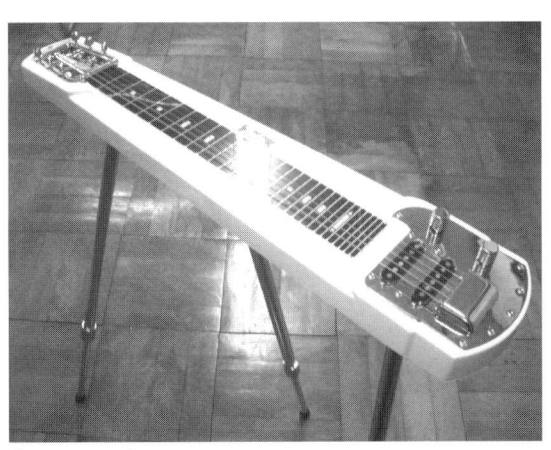

②スチールギター

15 チャイルドスイッチを利用する

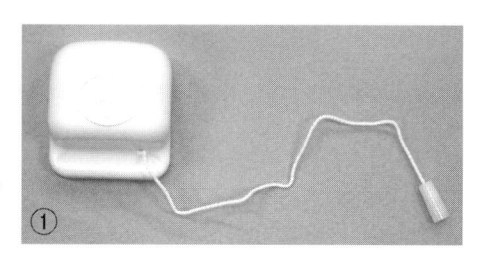

　写真①は、一般のシーソー式照明スイッチをひもで引っ張ることによって、入・切できるようにするチャイルドスイッチと呼ばれる器具です。これを用いると、子どもが手の届かない所にある照明のスイッチを利用できるようになります。チャイルドスイッチを使うと小さな子どもでも一人でトイレに行きやすくなるといったこともあります。

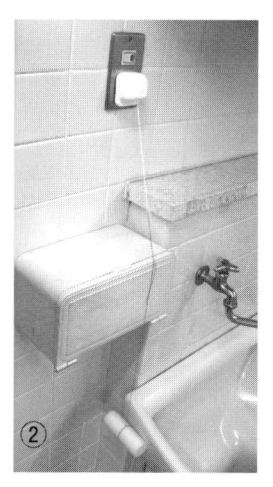

　残念ながら、学校の照明スイッチは車いすに乗っている子どもの手の届く位置に設定されていません。そのため、車いすを使っている子どもは、照明の入・切を誰かに頼まなくてはなりません。たとえば、排泄は一人でできるのに、照明を点けてもらうためだけに大人についてきてもらうということに、もどかしさを感じる子どももいるのではないでしょうか。

　そこで、チャイルドスイッチを使用してみました。市販されているものはひもが短いので、建築用の水糸などの伸びにくいひもを使って延長し、スチレン棒で取っ手を取り付けました。これによって、壁に取り付けられているスイッチに手が届かなくても、照明を操作できるようになりました（写真②）。

　なお、チャイルドスイッチには、取り付けられるスイッチの形状が決まっていたり、チャイルドスイッチをつけることで逆に通常の押しボタンでの操作ができなくなる製品もあるので、ご注意ください。

16

赤外線リモコン

　赤外線リモコンを自由に操作できると、生活をとても豊かにすることができます。テレビ、ビデオ、CD・MD プレイヤー、照明器具、家庭用電源リモコン、パソコン、おもちゃなど種々多様なものにリモコンがあります。

　TV の「チャンネル送り」ボタンを押して選局したり、CD プレイヤーで「曲送り」のボタンを押して聞きたい曲を選ぶことができたら楽しくなるでしょう。

　リモコンのボタンが押せないので使えない場合は、外部スイッチで扱えるように改造したり、アタッチメントを取り付けて扱えるようにします。それぞれの機器ごとに改造するのは面倒です。工作の失敗の可能性を考えると付属リモコンを改造するのはおすすめできません。

学習よくばリモコン

　外部スイッチで操作できるように1台の学習赤外線リモコンを改造しておけば、他のすべての機器は付属のリモコンを改造しないですみます。

赤外線学習リモコン

　『スイッチ製作とおもちゃの改造入門』（明治図書刊）に掲載の、「ボタン押し装置作り」や「学習よくばリモコンの改造」を参考にチャレンジしてもよいでしょう。「学習よくばリモコン RC-06」（朝日電器（株）製）を改造したものは（株）エスコアール社から入手できます。「バンッ！」という音声が出せれば、学習させた赤外線信号を発射できるドラえもんの「くうきピストル」（（株）エポック社）も簡単に使えます。これは音声に反応する学習リモコンですが、声が出なければ、「バンッ！」という音をボイスメモで出して使うことができます。

3 生活

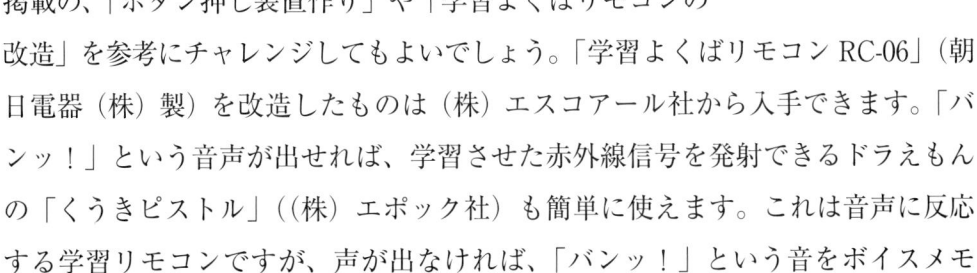

3 生活

17 針金でバナナを切る

　穴あき庖丁の先の穴をネジで固定して、裁断機のようにして食材を切るアイデアは『アイデア＆ヒント123』の「105・穴あき包丁を留めて材料を切る」で紹介しました。

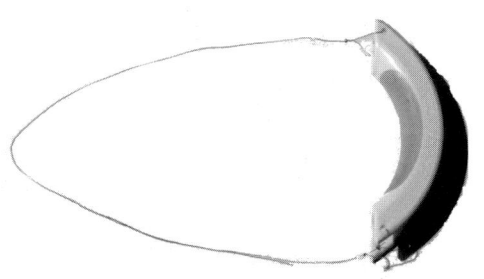

針金に取っ手をつける

　柔らかいものであれば、細い針金やエナメル線で切ることができます。穴あき庖丁で切る場合には、庖丁の柄に向かって手を伸ばして、下に向かって力を入れるという力の方向性が必要になりますが、この装置では食材を大人が持って、切りやすい角度などを調節できますから、子どもは握った装置を引っ張るだけで切ることができます。

　作り方は簡単です。100円ショップで売っている「レジ袋を吊り下げる取っ手」の両端に細い針金の端を固定すればできあがりです。子どもが握りやすい形状を工夫するとよいでしょう。庖丁とは違って、この装置

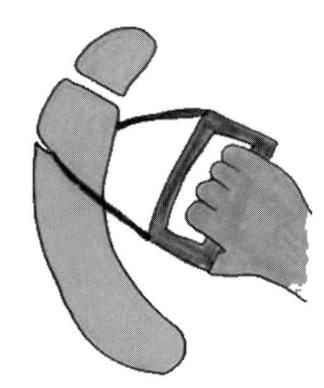

バナナを切る

は静止状態で子どもがさわっても、まったく切れる心配がないので大変安全です。ただし、大人が針金の輪の間に食材を挿入するときに、子どもが急に引いたりすると大人の指が危ないので十分な注意が必要です。

　切りやすいものは、皮をむいたバナナ、蒸したサツマイモ、皮をむいたメロン、紙粘土、油粘土など柔らかい物です。

　下にボウルを置いておいて、切れたバナナなどが落下して音を立てたりすると自分で切ったという達成感も増します。粘土はかなり大きなものでもきれいに切れるので、この場合も十分な達成感を味わうことができます。

18

携帯電話（イヤホンマイクを使う）

　携帯電話用に市販されているイヤホンマイクがあります（写真①）。これを使うと、携帯電話をポケットやカバンに入れたまま、ハンズフリーで会話ができます。イヤホンマイクは肢体不自由の人にとって便利な道具になります。

　市販されているイヤホンマイクの多くにはワンタッチボタンがついていて、そのボタンを押すことでかかってきた電話に出ることができます。ワンタッチボタンがイヤホン部分についているものもありますが、イヤホンとは別になっているものもあるので、これを車いすのテーブルの上など操作しやすい場所に取り付ければ着信操作を自分でできる人も多いのではないかと思います。

　ワンタッチボタンが小さくて操作しにくい場合には、写真②③のように改造して外部スイッチを接続できるようにすれば、使う人に合わせたスイッチで操作可能となります。

　また、ワンタッチボタンは着信だけでなく発信にも対応しています。着信していない状態でワンタッチボタンを長押しすると、あらかじめ設定しておいた電話番号に自動的に発信できるようになっています。携帯電話側にイヤホンマイク自動発信機能がついている機種でないとこの機能は使えません。イヤホンマイクなのでそのままハンズフリーで会話でき、とても便利です。

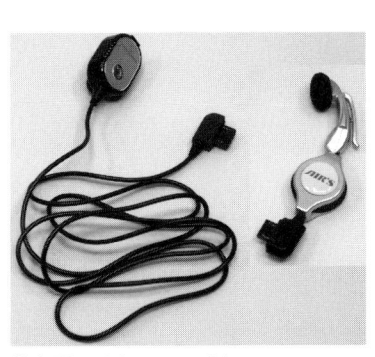

①市販のイヤホンマイク
②ワンタッチボタンを改造 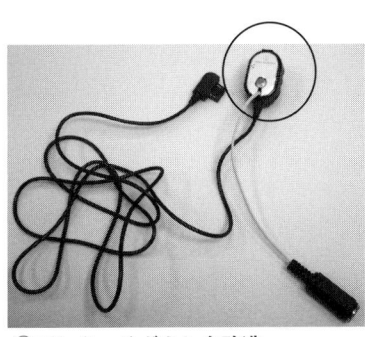
③スイッチジャックのハンダ付け

3 生活

19 携帯電話のバーコードリーダーを活用する

　カメラ付き携帯電話の多くにはバーコードリーダーの機能がついています。これをうまく活用すると、比較的簡単な操作で電話やメールのやりとりができます。携帯電話のカメラで読みとるのに使われているのは、「QRコード」という2次元コードですが、これは自分で作ることができます。パソコンで作成して画像ファイルとして保存・印刷ができるソフトがフリーウェアでたくさん出ています。

　たとえば「QRWindow」というソフトは、フリー入力、アドレス帳、Eメールなどのメニューが用意されていて、指示に従って入力していくだけで簡単にQRコードを作成できます（①②）。

　Eメールのメニューで作成した場合には、宛先、タイトル、文面をあらかじめQRコードに組み込めるので、でき上がったQRコードを携帯電話のバーコードリーダーで読みとると、そのままメールが出せる状態になります。あとは決定ボタンと送信ボタンを押すだけです。電話番号をかける場合も同様です（③）。

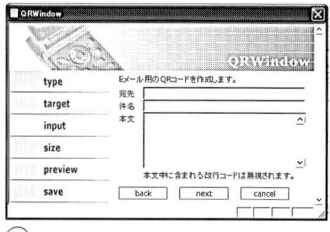

　この機能を利用して、たとえば写真カードやシンボルの脇にメールの宛先や伝える中身をQRコードにして一緒に印刷しておけば、メールを出す際には写真や絵を手がかりに選択をして、その脇にあるQRコードを読みとって決定と送信ボタンを操作すればOKです。名刺用の紙に同じ位置にQRコードがくるように複数印刷し、携帯電話を固定してカードをカメラの下に差し込む仕組みを作るというアイデアもよいでしょう。

20 筆記具フォルダーを工夫する

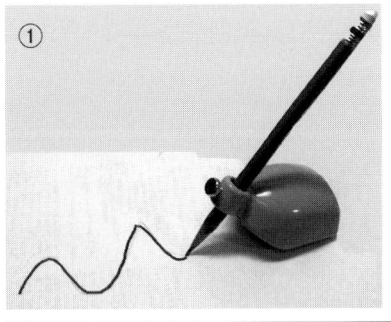

　鉛筆を握ることができなくても手先を動かせれば鉛筆で書いたり描いたりできる自助具が、ずいぶん前から開発・市販されていました（写真①）。この特許権は国立特別支援教育総合研究所がとったのですが、すでに期限は切れているそうです。

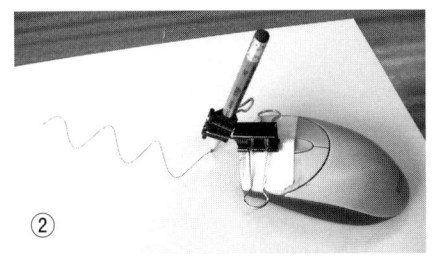

　そこで、「筆記具フォルダー」（写真②）を作ってみました。使わなくなったボールマウス1個とクリップ2個、それに両面テープとビニールテープが材料です。まず、一方のクリップのつまみの片側をもう一方のクリップではさみます。その際、厚紙を何回か折りたたんだものをはさみ込んでから、その中にしっかりはさみつけるようにすると安定します。次に、両面テープをマウスに貼って、その上にクリップのつまみを開いて圧着します。さらにその上からビニールテープを貼ってしっかりと固定します。これで十分に使えるようになります。

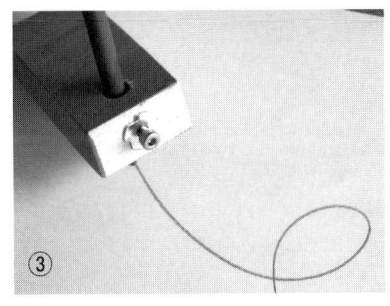

　写真③は、適当な厚さの木片に2方向から穴を開けて筆記具を固定できるようにした自助具です。筆記具を固定する穴には爪つきナットを埋め込んで、キャップボルトで締め付けるようにします。工具さえあれば、材料費は大変安価です。鉛筆を通す穴を大きくすればマジックインクなども固定して使うことができます。

ひもスイッチって？

おもしろそうだね

これをつなげて動かしたんだ

ひもスイッチ

耳にかけてもいいし

ひもを押さえてもいいし

肩ではさんでもOK

マンガＡＡＣ入門☀6

　ひもスイッチは、ひもを引っ張って操作するスイッチです。でも、ひもは持たなくても操作できるようになっています。また、強く引っ張っぱりすぎても困らないようにゴムをつけて、あそびがあるようになっています。
　ひもスイッチはとても弱い力でもスイッチ操作ができるので、応用範囲が広がります。また、動かす方向を決めなくてもよいので、子どもの小さな動きを引き出すことができます。スイッチの先に子どもが喜ぶ音楽や録音されているVOCAをつなげたり、おもちゃがセットされていれば、無意識な操作でおもちゃが動くことを理解し、意図的な動きに発展する場合があります。
　また、手が動く範囲にひもを張ってさわれるようにしたり、ボールを転がした先にひもがあるようにするなど、さまざまな動きに応用することができます。
　詳しくは『アイデア＆ヒント 123』の「4・ひもスイッチの活用法」を参照してください。

3 生活

21 黒い調理器具を利用する

　肢体不自由のある子どもの中には、視覚の障がいをあわせもっている子も多く、教材の色も配慮しなくてはいけない場合があります。文字を提示するときに黒地に白い文字で書くことがあるのは、こうした配慮からです。一般的に2つのものを並べるときに同系色は認識しにくく、写真①のように白と黒のようにコントラストがハッキリとしたもののほうが、子どもにとってわかりやすくなります。

　ところで、調理器具は清潔感を重視しているためか、白や淡いパステル調の色彩のものが多いように思われます。ところが、特別支援学校で調理活動を行う際によく扱われる食材は、サツマイモ、ジャガイモ、大根など、白系統の色彩のものが多く、一般的な調理器具では子どもがわかりにくい場合があります。

　最近、写真②のようなまな板シートやボウルのように黒い調理器具が100円ショップなどでも売られるようになってきました。こちらを利用すると、白色系の食材が子どもにとってわかりやすくなる場合があるので（写真③）、試してみてはいかがでしょうか。なお、トマトやピーマンなどの濃い色の野菜は、普通のまな板上で切断したほうがよいでしょう。

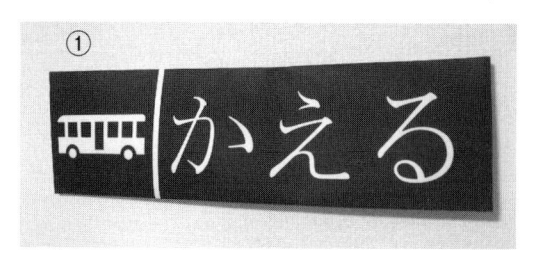

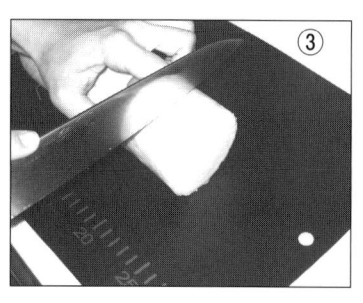

22 落下装置を作る

　落下装置は、食材をボウルや鍋に落としたり、植物に水をやったり、水槽の金魚に餌をやったり、プランターに土や肥料を入れたりするなど簡単なものですが、応用範囲がとても広い装置です。材料は100円ショップなどで入手できます。

　装置はコップフォルダーを2本のひもで吊り下げます（写真①）。大きめの洗濯ばさみの取っ手に結び付けておくと、この装置を固定したり移動したりするのに便利です。もう1本のひもはフォルダー下部に結び付けて、洗濯ばさみのバネのリングを通します。このひもを引っ張るとコップフォルダーが傾いてコップに入れたものを落下させることができます（写真②）。

　ひもを握ることが困難な子どもには、つかみやすい大きさに丸めた紙やスポンジなどにひもを結び付けておきます。ひもをつかむことが困難な子どもには、輪を作って手首に通し、引っ張ると輪が小さくなって、ひもが手首に固定されます。手首に固定する部分のひもは、痛く感じないように、太めの丸ゴムなど柔らかいものにするとよいでしょう。落下装置は手首に巻きつけて固定したひもがゆるまないように子どもの手から遠ざけます。落下装置の真下に落下物を受ける容器を置きます。透明のプラスティック製のコップを使って、材料を投入する順に並べて説明しておけば作業の順序がわかりやすくなります。

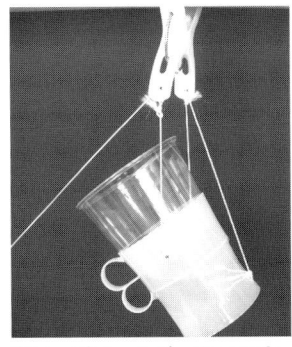

①コップフォルダーをつるす　②引っ張ると傾く

4　落下装置

23

落下装置で牛乳をミキサーに入れる

　バナナジュースを作るには、まずバナナの皮をむきます。次にバナナを輪切りにします。バナナの皮はつかみやすくむきやすいので、少しむいた皮をつかんで子どもの手でやってもらいたい作業です。皮をつかみにくい子にはバナナの皮を大きめの洗濯ばさみではさむと、洗濯ばさみが子どもの手のひらに収まって力が出しやすくなります。輪切りにしたバナナをミキサーに入れてから、牛乳を注ぎ入れます。

　バナナを入れたり、牛乳を注ぎ入れたりする作業には、いくつもの動作が含まれています。バナナや牛乳を入れたカップを＜つかんで＞、それを＜水平に保ち＞ながら、ミキサーの上まで＜運んで＞、＜カップを傾け＞ます。このように複雑な身体コントロールが必要です。

　自分の手を引くことができる子どもであれば、この落下装置を使って、バナナジュース作りに参加することができます。

　最後はミキサーを回してでき上がりです。電源リモコンリレーを用いれば、スイッチでミキサーの回転をコントロールできます。

作業手順を図で示す

牛乳を注ぐ

24 落下装置を使ってスライムを作る

　スライムは学校でもよく使われる、ひんやりとした感触とネバネバ感が子どもには人気の物です。

　スライムを作るときは、広口のボウルと握りやすくした棒、それに①洗濯糊（PVA配合）をフィルムケース1杯分、②食紅（食品売り場で購入）で色をつけた水をフィルムケース1杯分、③ホウ砂（薬局で購入）飽和溶液をフィルムケース0.8杯分、をプラスチックコップに用意します。落とす順に並べておくと作業の手順も一目瞭然です。

　まず、広口のボウルに落下装置で①を落とします。次に好きな色の水を落下装置で落とします。①と②がよく混ぜ合わさるように棒でかき混ぜます。棒はすべり止めテープを巻いたりゴムバンドで手のひらに密着させるなどして扱いやすく工夫します。③のホウ砂飽和溶液は一度に入れすぎないように、何回かに分けて入れます。粘り具合を確かめながら、少しずつ足していくようにします。余ったホウ砂水は捨てて、よくかき混ぜます。

　落下装置のひもを引っ張る回数は4～5回は必要になります。「引っ張って」「もういいよ」「ちょっと待ってて」などの合図を受けて子どもは作業をすすめます。緊張した作業の結果、きれいな色をしたスライムができ上がったら喜びもひとしおです。ホウ砂は有害なので口には入れないようにしてください。

食紅の色水を用意する

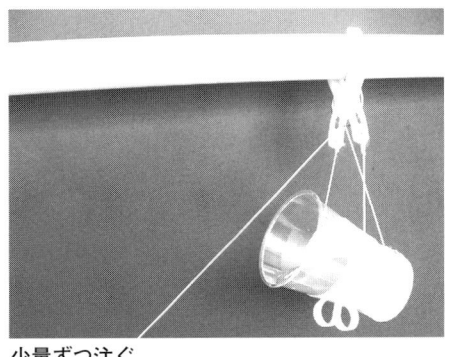

少量ずつ注ぐ

4 落下装置

25 金魚に餌をやる

　豊かな人間関係は子どもの成長に欠かせません。誰かの世話になって「ありがとう」と感謝をするだけでなく、誰かの役に立って「ありがとう」と感謝されて喜びを感じる経験も大切です。日常の生活の中で、障がいがある子どもが「ありがとう」と言ってもらえる環境を意識的に作りたいものです。

　もし、金魚を飼っていたら、金魚に餌をやる係になってもらいましょう。餌をやりすぎないように、餌は決まった量を落下装置に入れてセットしておきます。子どもが係の仕事を覚えていればひもを引っ張って責任を果たせます。

　「ありがとう。金魚さんもごちそうさまって言ってるよ」と仕事を成し遂げたら必ずほめるようにします。もし子どもが忘れていれば金魚の餌は落下装置に残ったままですから忘れていたことがすぐわかります。係以外の子どもが餌をやっていないことに気がついて注意してくれるかもしれません。一番の難関は教師や支援者が毎日、餌のセットを忘れないようにすることかもしれませんね。

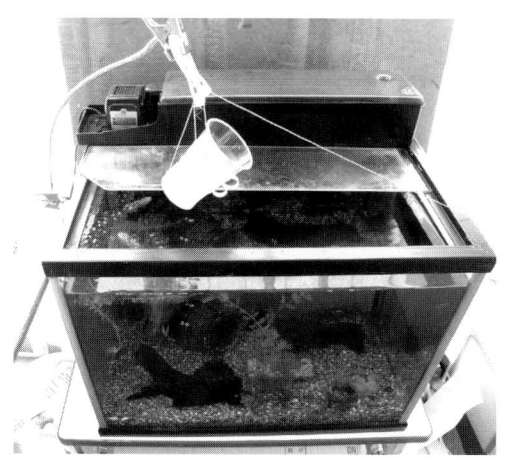

水槽に餌を落とす

26

落下装置でビーズを落としてドラムを鳴らす

　音楽演奏会を行うとき、ワンチャンスでもよいから自力で演奏する見せ場を作りたいものです。担当する箇所で、自分で楽器の音を出せればそれでよいのです。

　たとえば、「山の音楽家」の曲で「わたしゃ、山の音楽家、○○の○○、じょうずにドラムを叩いてみましょう」とみんなが盛り上げくれたところで、ドラムの音を出せればそれで成功です。ひもを引くまでみんなは期待を込めて待っています。○○の○○さんがひもを引っ張ったら落下装置のビーズが落ちてドラムがにぎやかに鳴ります。そこで、「いかぁがです」と締めくくれば拍手間違いなしでしょう。楽器をダンボールの箱やビニールプールに入れておくとビーズが飛び散らないで、後片づけが楽にできます。

　木琴を鳴らすときには、傾けておくとビーズがはねていくつかの音が混ざって鳴ります。スチールドラムを鳴らすには、スーパーボールを落とすと澄んだ音がします。オーシャンドラムには、大豆などが合うかもしれません。

　落下装置の高さを変えると音の大きさも変化します。ビーズを大量に用意しておくと、次から次へと落とすことができて、にぎやかに跳ねる音を存分に楽しめます。手芸店で扱っているプラスティック球に入った鈴を落とすと、床に落とすだけで大きな音を出すことができます。

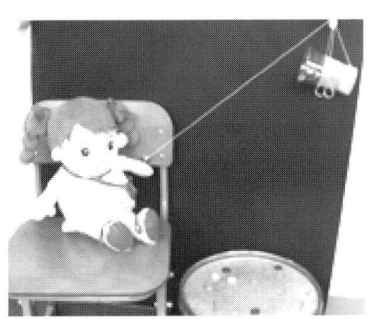

ドラムにビーズを落とす　　　木琴にビーズを落とす

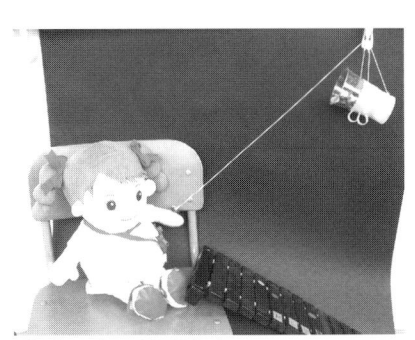

4 落下装置

どんなスイッチがあるの？

これ、みんなスイッチ？
いろいろあるんだねえ

これは棒スイッチよ

これはひもスイッチ

かっちゃんは棒スイッチがいいかな

親指を曲げてスイッチを使うならひもスイッチがいいわね

支援機器を操作するためのスイッチにはとてもたくさんの種類があります。よく使われるのはプッシュスイッチ（押すスイッチ）です。円形や四角形、大小さまざまな形があり、いろいろなメーカーから発売されています。弱い力で操作できるものから、緊張がある人のために、強い力でないと入らないようになっているもの、操作する圧力を変えられるものまでさまざまです。

この他に、マジカルトイボックスでよく紹介する「棒スイッチ」「ひもスイッチ」もよく使われています。また、変わったところでは、音に反応する「音声スイッチ」、さわると作動する「タッチスイッチ」、脳波を検知して作動する「脳波スイッチ」などさまざまなものがあります。

詳しくは「こころWeb」（http://www.kokoroweb.org/）や「AT2ED」（http://at2ed.jp/）などのWebページをご参照ください。

さまざまな種類のスイッチ

27 ピエゾニューマティックセンサースイッチ

腕を自由に動かすことはできないが指先を動かすのはできるという人にとって、指先を浮かせた状態に保つことは困難です。このような人には、通常とは反対にスイッチを押している間は回路が切れていて、スイッチから手を離すと回路がつながるように設定すると使いやすくなります（写真①）。

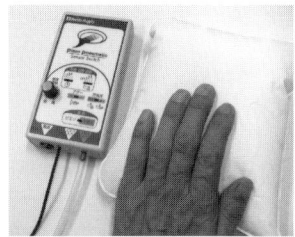

①手を離すと回路がつながる

マイクロスイッチには通常3つの端子がありますが（写真②）、スイッチを押したときに回路がつながるようにするには「COM」と「NO」（ノーマリーオープン＝ふだんは回路が開いている）にコードを接続します。スイッチを離したときに回路がつながるようにするには「COM」と「NC」（ノーマリークローズ＝ふだんは回路が閉じている）にコードを接続しなおせばよいのです。

②切り替えスイッチで設定

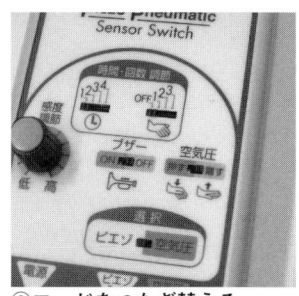

市販されているピエゾニューマティックセンサースイッチの空気圧スイッチでは、切り替えスイッチがついているので簡単に設定ができます。低緊張の人にはおすすめのスイッチです（写真③）。

③コードをつなぎ替える

ボイスメモを使って人を呼んだり、夜中に電灯をつけて介助を頼んだりする用途でスイッチ操作をする人の場合には、このように設定しても「誤って指先を上げないように」という気持ちからかえって緊張してしまうことがあります。このような場合には指先の可動域の中で、意識しなければ指先が触れることがない位置にスイッチをセットすると安心です。たとえば、指を反らせて指の背でスイッチを押すようにセットするとよいでしょう。

28 スイッチの後ろにすべり止めを貼る

5 スイッチの工夫

　写真①はカット・テーブルの上に置かれたビッグスイッチです。すべりやすい素材でできたカット・テーブルの上で使うと、スイッチを操作するたびにスイッチが横に動いてしまい、使っているうちにだんだんと腕の動きのストライクゾーンからはずれ、使いにくくなってしまうということがあります。

　そこで便利なのが、写真②のようなゴムでできたすべり止め材です。最近、100円ショップなどでも見かけるようになってきました。これを写真③のようにスイッチの裏に貼っておくと、スイッチ操作のときに多少大きな力が入っても、スイッチがすべることなく、快適に使うことができます。なお、接着テープ付きのすべり止め材も販売されていて、手軽に扱え、とても便利です。

　このすべり止め材は、さまざまな場所で有効に活用することができます。たとえば、給食のときに、うまく器を押さえられずスプーンやフォークで食べ物をすくうたびに食器が動いてしまう場合には、これをテーブルに敷いておくと器がしっかりと固定されて安心して食べることができます。

　この他、写真④は、子ども用の調理器具（貝印（株）「ピタッと安定ボールスタンド」）です。こちらを使うとしっかりと容器を固定することができるので調理活動に限らず、いろいろな用途で利用することができます。

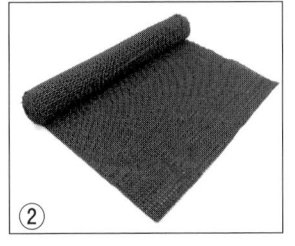

29 スイッチの上にボタン

ジェリービーンスイッチ、ビッグスイッチ、洗浄装置付きの便座などは、外観が異なっていますが、どれにもマイクロスイッチが内蔵されています。これらのスイッチの違いは、マイクロスイッチに被せたものの、形状、大きさ、デザインが違うということだけです。押しにくいスイッチの場合はスイッチ面に工夫を加えてみると簡単に押せるようになります。

押し込みにくいスイッチには、強力な両面テープや接着剤を用いて適当な大きさのボタンやビーズを接着すると押し込みがとても楽になります。スイッチ面が小さく、押し込みが浅いフィルムスイッチの場合は、綿棒の頭大の固形物をスイッチ面に載せて透明テープで覆って固定するだけで押しやすくなります。

リモコンは、メーカー各社の設定ができるさまざまなリモコンが市販されていますが、大きなボタンの製品を選べばそれだけでずいぶん扱いやすくなります（写真①）。

また、ものをはさんだりするときに使うトングを利用してリモコンのボタンを押しやすくすることもできます（写真②）。トングは先が面になっているので、レバーを引くと先を閉じて収納できるタイプを使用するとトングの開き具合を調節することができます。一方のトングの先端中央に突起をつけて（写真③）、この部分でリモコンのスイッチを押せるように位置を調整して、リモコンをトングの片側にしっかりと固定します。トングにリモコンを固定するときに、双方に両面テープ付きのマジックテープを貼っておくと設定を自由に変えることができます。

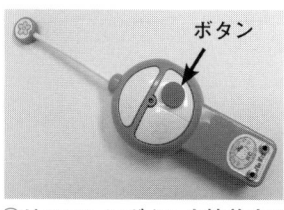

①リモコンにボタンを接着する

②

③ボイスメモに突起をつける

30 スイッチの表面の材質を変える

　ビッグマックのようなプッシュ型のVOCAは押しやすく、クリック感があるので自分の動作を理解するのにはとてもわかりやすいといえます。また、最近の製品は表面の色を変えることができるので、活動の目的や子どもたちの好みに合わせた色のスイッチを選べるようになっています。

　そこで一工夫は「さわった感触」です。肢体不自由の子どもたちは動作だけでなく、視覚に問題があったり、物を見続けることが苦手だったりすることもあります。そこで、スイッチの表面に「皮」や「布」などの材質をつけることで、何を押したのかを区別しやすくなります。2つのスイッチを押し分けるのなら、それぞれ異なった材質のものを貼るほうがよいでしょう。ただし、感覚過敏の子どももいるので、物に触れることが嫌いにならないように気をつける必要があります。

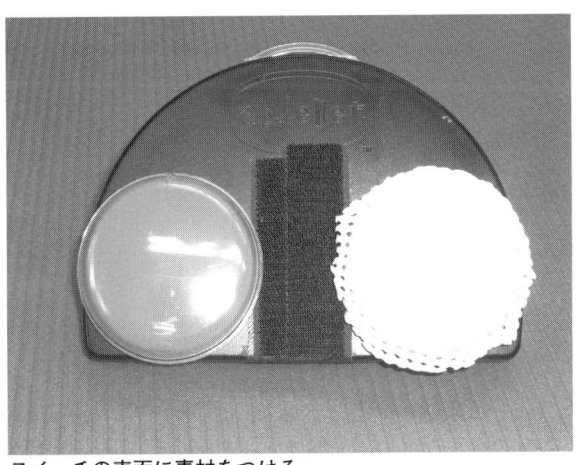

スイッチの表面に素材をつける

スイッチで広がる世界

彼は筋ジストロフィーなんだけど 動かせる親指だけで 私たちと同じぐらい 速く文章を作れるの

このコマンダーってハンドルネームの人 おもしろいメッセージ書いてるね

ボクも この人さし指1本で 速く打ってるんだ 同じだね

ちがう ちがう

スキャン入力をしてるのよ 候補の文字が順に次々出てくるのをスイッチで選んでいるの

スクリーンキーボード

親指1つでかなえた夢
（ハンドルネーム）
コマンダー

マンガАAC入門☀8

　マンガで紹介されている「コマンダー」は自称 Switch Interface REAL Commander（スイッチ・インターフェース・リアルコマンダー）の相原誠さんです。彼は、現在国立療養所で生活していますが、Macintosh 専用の入力支援ソフト「SwitchXS」を駆使し、コンピュータのほとんどの操作を右手につけたスイッチ１つで操作しています。
　「SwitchXS」は、画面上に表示された文字盤に自動で動いていく選択肢をタイミングよくスイッチで選択し、文字を綴ることができるソフトです。マンガにあるように彼の文章を綴る早さはキーボードを操作する人と変わらないぐらいです。
　宇宙物理学で有名なホーキング博士も、同じようなシステムで文章を書いたり言葉を話しています。技術の進歩と本人の意欲がマッチすればさまざまなことが可能になります。
　Windows 用には「ディスカバーキネックス」「伝の心」「オペレートナビ EX.」「Hearty Ladder」のソフトなどで同様の操作が可能となります。

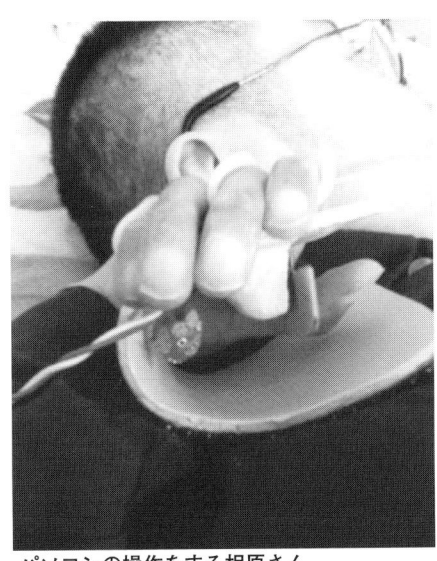

パソコンの操作をする相原さん

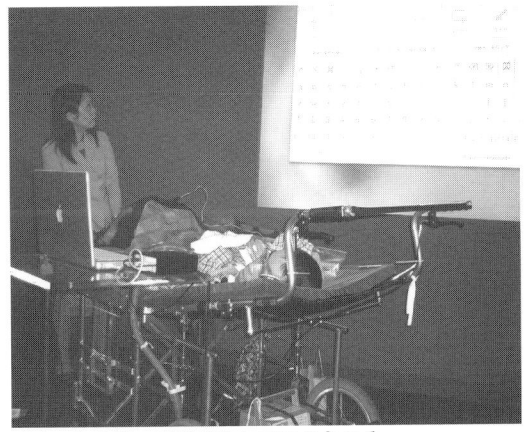

パソコンを使って講演をしているところ

5 スイッチの工夫

31 グラップボールでひもスイッチ

　ひもスイッチは弱い力で操作することができ、手に持つだけでなく『アイデア＆ヒント123』の「4・ひもスイッチの活用法」のように固定して使うなど応用範囲の広いスイッチです。また、スイッチでなくてもさまざまな物にひもをつけて操作することがあります。その際に、しっかりひもを持てないけれど、少しだけつかめる子どもに、どうやってひもを持たせようかと悩むことがあります。そのようなときには全面が網目状になっているグラップボールをひもの先につけてはどうでしょうか？　もともと容易にボールが握れるように工夫したボールなので、こうすれば使える子どもが増えると思います。

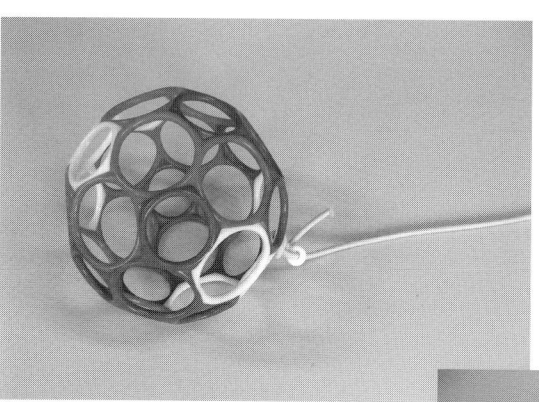

グラップボールにひもをつける

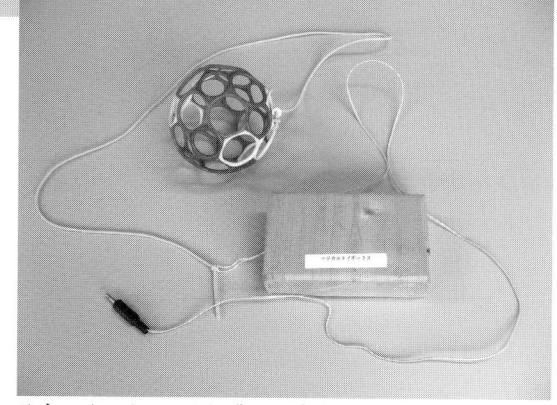

ひもスイッチにつけたグラップボール

32 スイッチのフィッティングにクーラントホースを活用する

　スイッチの固定に「どっちもクリップ」を用いるアイデアはこれまでにも紹介してきました。ここで紹介するのは「どっちもクリップ」のフレキシブルパイプの部分を「ロックラインクーラントホース」という自在に曲げられるプラスチックホースに付け替えるアイデアです。

　「ロックラインクーラントホース」は軽くて丈夫なうえ、1個あたりが2cm弱のパーツを専用プライヤーでつなぎ合わせていく仕組みなので、長さも自由に変えられます。そのうえ各パーツが関節のような構造になっているため、曲げ方も自由自在にできるのが特徴です。

　接続した後は専用プライヤーを使わないと外れないくらい丈夫なので安心して使えます。車いすやベッドなどでパイプや医療機器をよけながら設置する場合や、フィッティングに微調整が必要な場合に大きな効果を発揮します。

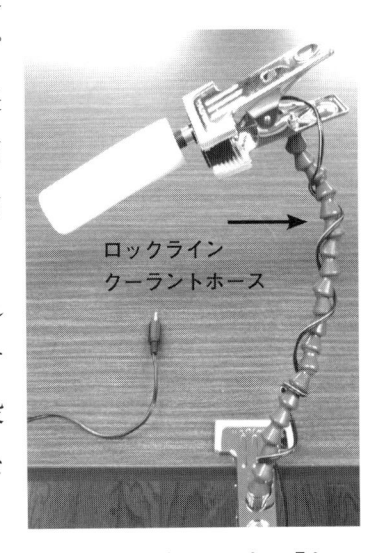

ロックライン
クーラントホース

　クーラントホース自体は市販のスイッチにも活用されているものです。「どっちもクリップ」よりも価格は高いのですが、ホースと専用プライヤーのみをパーツとして購入することが可能です。サイズも大小ありますので、小さいスイッチの微調整や、大きな物をしっかり固定するときなど、用途に合わせた自由度の高いフィッティングが可能です。

スイッチの固定の仕方

さっきからずっと押さえてたの？

ぼく、もう疲れちゃったよ

スイッチの使いやすい場所を決めて 固定したらいいのに

こんなの使ってみたら？

ユニバーサルアーム

どっちもクリップ

ぼくが押さえていなくてもひとりでできるんだね

位置も簡単に調節できるのよ

マンガＡＡＣ入門 ※9

　本人に合わせてスイッチを選ぶことが当然なように、本人の姿勢に合わせてスイッチの位置を調整することはとても大切です。私たちも車を運転するときに座席の位置を前後にずらしたり、リクライニングの角度や、ハンドルの角度を調整します。これは、長時間運転するときに身体に無理がかからず、リラックスした姿勢で操作することで安全運転ができ、身体に負担をかけないためです。スイッチの位置を調整するのもこれと同じ理由によります。
　マンガにあるようなユニバーサルアームは微妙な調整をワンタッチで行うことができる便利な機械です。この他に、Ｗクリップを使った簡易な固定具やクーラントホース（事例32参照）などもあります。重いVOCA（P.114参照）などを固定するなら、ある程度の重量に耐えられるユニバーサルアームやテーブルの上に固定して操作したほうがよいでしょう。

ユニバーサルアーム。机に固定して、微妙な位置も簡単に固定できる

5 スイッチの工夫

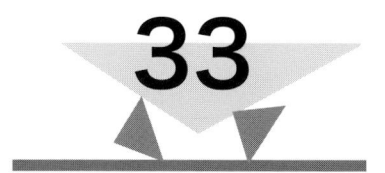

33 足の親指で使うサンダルスイッチ

　写真は、アテトーゼ^(注※)の緊張がある青年用に作ったものです。手指の緊張は強かったのですが、足の親指は柔らかくしなやかに動かせるので、この動きを生かしてスイッチ操作ができるように工夫したものです。

　足を台に乗せて安定させることができるのなら、やや傾斜のついた足置き台を作って、スリッパ状の止め具と親指部分にスイッチをセットすることで対応できます。しかし、彼は足先をスリッパ状の止め具に差し込むことも足全体をじっとさせておくことも大変困難でした。そこで足の親指とともにスイッチの台を移動させるには、台を足裏に固定できないかと考えました。足裏全体とともに移動させるものは履物です。親指が上下に自由に動かすことができるように、写真①のような指先がオープンになっていて足にしっかり固定できるバンドがついたサンダルにスイッチを取り付けることにしました。

　過酷な連打にも耐えられる小さめのゲームスイッチを、同径の穴あけポンチ（写真②）でサンダルに穴を開けて、万能ボンドで固定しました。コードは膝裏まで足裏に沿ってゴムひもで固定してから機器につないで完成です。

※注　アテトーゼは手や足の指が異常運動を起こし、不随意運動によって増強します。肩から肘までを内側に内転させると肘から先が外側に回外してしまう、外転させると回内してしまうという異常緊張などが生じます。

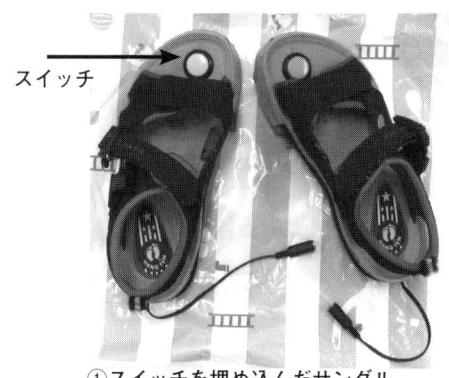

①スイッチを埋め込んだサンダル

②穴あけポンチでサンダルに穴をあける

34

押しスイッチが使えなくても握りスイッチなら

通常の押しスイッチは操作できなくても、手のひらを開いたり閉じたりならできるという子どもは多くいます。こうした子どもには握りスイッチがおすすめです。レバー付きのマイクロスイッチを2個用意して、レバーの上がった側を向かい合わせにして直線状に連結して接着します。並列でコードをつなげば指の動きを幅広く受け止めることができます。

①マイクロスイッチをゴムで固定

握りスイッチは指関節が屈曲したときに指の内側がレバーを押すようにセットします。親指と他の4指が対向した動きをする前の段階では、親指よりは他の4指が随意で動きますからマイクロスイッチを中指や薬指にゴムをかけて固定します（写真①）。コードは腕に沿って肩口までゴムひもなどで固定すれば腕の動きを邪魔しません。

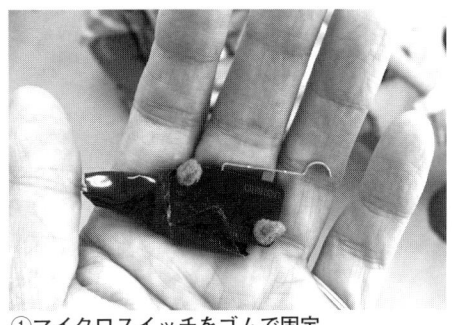

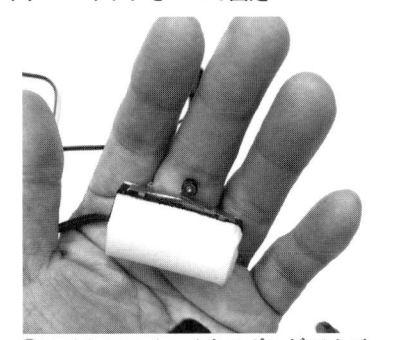

②マイクロスイッチをスポンジでカバー

人間の身体は指先は身体から離れると開く傾向があり、反対に身体に近くなると握った状態になる傾向がありますから、手のひらを置く位置を調節するようにします。

押す動作は手のひらを下に向ける回内運動（体の内側に回転する運動）を伴います。回内運動の困難な子どもは、手のひらが上向きになった（回外した）状態のために通常の押しスイッチを操作することができないということも知っておくことも大切です。

5 スイッチの工夫

ラッチアンドタイマーとは

もう少しなんだけどなあ

← バッティングマシーン

押し続けるのちょっと大変なのかもよ

スイッチラッチアンドタイマー

これを使うと助けになるわよ

やったー！

マンガAAC入門＊10

　さまざまな機器にスイッチをつなげても、スイッチを押す力が弱かったり、押し続けることが困難なために、そのスイッチを操作できない子どもがいます。そのような子どものためにスイッチと操作する物の間をつなげる機器としてラッチアンドタイマーがあります。

　マンガのようにスイッチと操作したい物をスイッチラッチアンドタイマーで中継し「ラッチ機能」を選択すると、1回スイッチを押すと、押し続けてくれて、もう1回押すと解除してくれます。また「タイマー機能」を選択し、時間をセットすると、その時間の間だけスイッチが押されている状態になります。ミキサーなど一定時間だけ動いてほしい機器を操作するときに便利です。

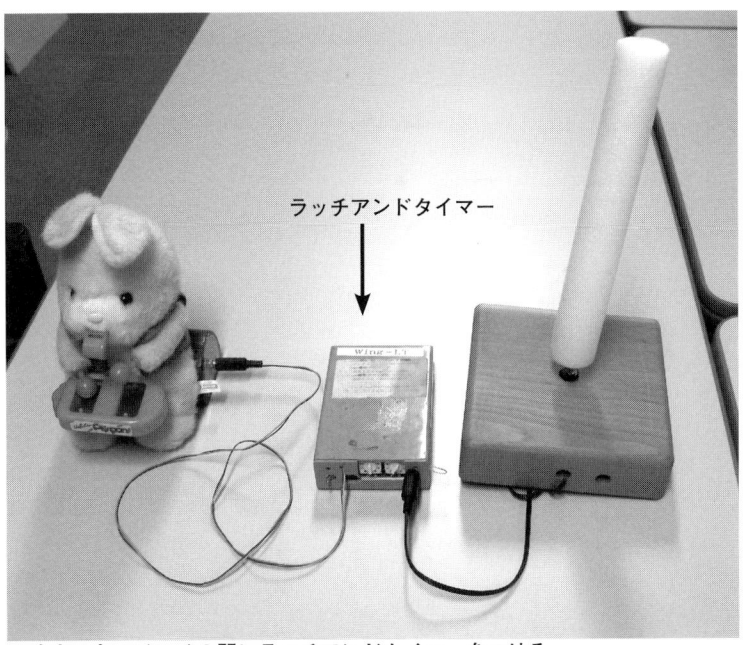

おもちゃとスイッチの間にラッチアンドタイマーをつける

5 スイッチの工夫

35

握りスイッチを2つ使う（2スイッチ・ワープロ）

　1つのスイッチしか操作できなくても、複数の選択肢から選択することができます。選択する候補が順番に一定の時間ごとに提示されるのを待って、選択したい候補が提示されている時間内にスイッチ入力をするのです。回転寿司の寿司皿が目の前を通過する間に取るのと同じ方法です。

　便利な方法ですが、候補が切り替わる時間内に判断して、スイッチ操作をしなければならないので緊張もします。スイッチを2つ操作することができるようになると、そのストレスがずいぶん軽減されます。

　2つのスイッチを使う場合、1つは選択肢をめくっていく「送り」の機能、もう1つは「決定」を受けもちます。音声意志表示装置やパソコンなどの操作がマイペースでできるのでとても便利です。

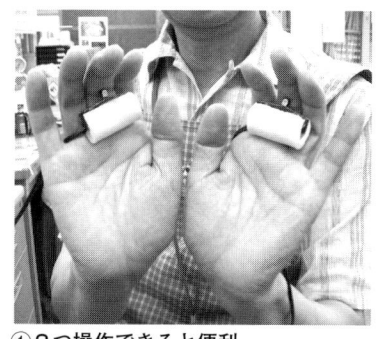

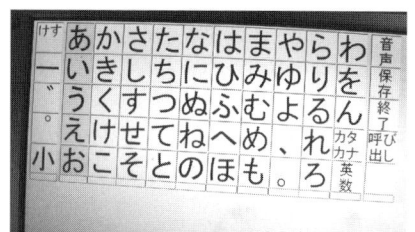

①2つ操作できると便利

「送り」「決定」の操作でワープロに文字入力ができる

　写真①のように左右の手で握りスイッチを操作するようにセットしたとします。ここで、アテトーゼなど筋緊張の強い子どもは、緊張の合図を左右の指先に分離することができずに押し分けられないという困難に出合うことがあります。左右の指先が同じ動きをしてしまう場合には、スイッチ操作の前に両手先を揃えて、右または左に向けるようにアドバイスします。このとき身体の外側に向いた指先を伸ばすように意識しておくと、この指でスイッチを誤操作する心配は少なくなります。一方、身体の内側に向いた指先は緊張がゆるんでスイッチ操作がしやすくなります。つまり、体幹から離れた手先は伸ばしやすく、体幹に向かっている手は握りやすいという身体の特徴を生かせばよいのです。

36 モノラル分配器で２つのスイッチを使う

　イヤホンジャック（モノラル）が１つしかついていない機器でも、このモノラル分配器を使うと２つのイヤホンをつないで聞くことができます。

　このモノラル分配器を使うと、スイッチジャックが１つしかついていない機器でも、２つのスイッチで操作することができます。２つのジャックにさらにモノラル分配器をつなげば、さらに多くのスイッチで操作することができます。

　また、スイッチの付け替えをしないですむということは、手間が省けるだけでなく、プラグを抜き差しする際に瞬間的にショートしてONの状態になる現象を避けることにもなります。

▶使用例１　自分に合ったスイッチの種類を選べる

　夏祭りのイベントで、かき氷作り機を自分で操作できるコーナーを設けたとします。棒スイッチでもひもスイッチでも操作できるように最初からセットしておくと、そのままでほとんどの子どもが操作できます。

　電源リモコンを使ってミキサーを回してジュース作りをする場合にも、交替で作業をするときにスイッチをつなぎ替えなくてもすみます。

▶使用例２　当たりの的が多くても「大当たり！」のボイスメモは１つですむ

　鬼の的当て遊びでは、的に玉が当たったら「ウーッ！」とうなり声をあげます。ビッグスイッチを的に見立てて、「大当たり！」と録音したボイスメモにつなぎます。当たりの数だけビッグスイッチとモノラル分配器を用意すればボイスメモは１つだけですみます。応用としてはアラームスイッチにも使えます。

※注　この分配機はスイッチ側が２つになるようにしてください。１つのスイッチで２つの物を動かすことはできませんし、そのような結線をすると誤動作し、機器を壊してしまう可能性もあります。

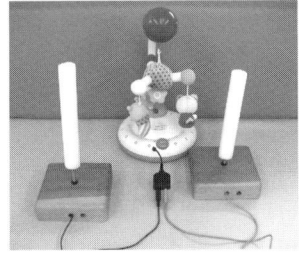

２つのスイッチでも操作ができる

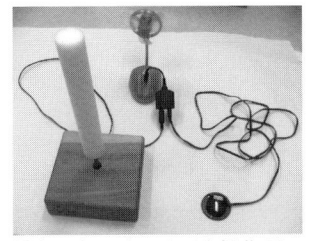

異なったスイッチでも操作ができる

モノラル分配器

棒スイッチって？

(コマ1) スイッチをどこに置けば押しやすいのかなあ

(コマ2) うまくつけられないよ

(コマ3) 「どっちもクリップ」を使うといいわよ

(コマ4) あ・り・が・と・う

写真①が木の台を使った基本的な棒スイッチです。棒スイッチはどの方向から倒してもスイッチがONになること、棒がスプリングになっているので、過剰な力が加わった場合には、力に逆らわず倒れてしまうので、勢いよくスイッチを押してしまう子どもでも操作できる特徴をもっています。

　また、子どもたちに提示したときに、手を伸ばして操作したくなる形状になっているため、操作スイッチとしてとてもよく使われています。

　木の台の棒スイッチ（写真①）は背面にすべり止めを張ってあるので、床に置いて使う場合、力をかけても動かないようになっているなど工夫がされています。車いすや机に乗って操作する場合には、ダブルクリップ棒スイッチ（写真②）を使えば、簡単に固定できて、操作する子どもの手の動きにフレキシブルに向きを変えることができます。

　棒スイッチの操作の応用としては、ウレタン部分にボールのような球形のものをつけてボールスイッチにしたり、ひもをスイッチの先につけて簡易のひもスイッチにするなどがあります。

　マジカルトイボックスで考案したダブルクリップ棒スイッチは現在、エスコアールからキットまたは完成品で購入することができます。

①木の台を使った棒スイッチ　　②ダブルクリップ棒スイッチ

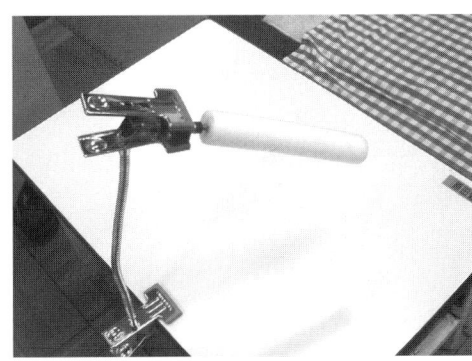

37 カメラのシャッターを切る（パソコン編）

デジタルカメラの普及により、肢体不自由の人が自分でカメラ撮影できる手だてが広がりました。

ここで紹介するのは、パソコンでデジタルカメラを操作する方法です。デジタルカメラの中には、USB ケーブルで接続したパソコンをつうじてカメラ本体のシャッターを切ることができる機種があります。カメラに付属する専用のパソコンソフトを用いることでパソコンからの操作が可能となるので、パソコン上でのクリック操作のみでシャッターが切れます。パソコン用のスイッチインターフェイスを用いたり、マウスを改造してクリックをジャックに引き出してくることで、スイッチでのシャッター押しが可能となるわけです。

たとえば、キヤノンのデジタルカメラのいくつかの機種は「Zoom Browser EX」という添付ソフトと一緒にインストールする「Remote Capture」という機能を用いることで、ケーブルでつないだカメラのシャッターを切ることができます。ファインダーの画像がパソコン側にも表示されるので、パソコンを設置できる環境の場合は有効な撮影手段となります。

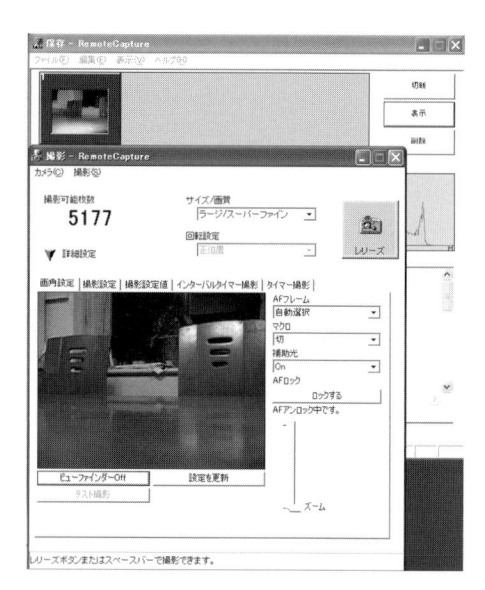

Remote Captureでの撮影画面

38 スイッチでカメラのシャッターを切る（サーボモーター編）

　赤外線リモコンやパソコンを用いる以外にカメラのシャッターを切る方法の一つとして、サーボモーターを使ってスイッチで直接シャッターボタンを押す装置を作るという方法があります。

　サーボモーターとは、電子制御によって回転する角度や回転数を制御するタイプのモーターです。ラジコンカーの操舵用に使われたり、ホビー用ロボットの関節を動かすための部品としても用いられています。さまざまな大きさのものが市販されていますが、縦横2～3cm程度の小さいタイプもあります。

　サーボモーターの回転角や回転速度の制御にはマイコンを用いるので、かなり専門的な知識が必要になりますが、具体的な製作・使用例としては以下のWebページが参考になります。

◆デジカメ・ビデオカメラの撮影装置の開発・製作・通販を行っている個人事業所
　「研究室 創遊」http://www.ne.jp/asahi/soyou/labo/robotarm.html
　サーボモーターを使ったシャッター押し装置が紹介してあるページ
　http://soyoulabo.ddo.jp:31872/kousaku/mecashutter.html

　また、特別支援教育関連での実践事例としては、以下のような開発例があります。
◆第29回特殊教育教材教具展示会入賞作品（障害児教育財団理事長奨励賞銀賞）
　「カメラシャッター補助装置」（田中敏弥：大阪市立平野養護学校当時）
　http://www.nise.go.jp/blog/2008/03/post_765.html

6 カメラ

39

デジタルカメラのシャッターを押す工夫

　デジタルカメラで写真を撮ることができたら、表現の幅が広がり、コミュニケーションや生活を豊かにできます。カメラのシャッターを押す工夫はこれまでにもさまざまに工夫されてきています。1つは、赤外線リモコンでカメラを操作できる機種の場合は、赤外線学習リモコンを改造して操作する方法ですが、赤外線リモコンで操作できるデジタルカメラの販売はなくなってきています。

　もう1つは、カシオのデジタルカメラの旧タイプ（QVシリーズ）にあった外部端子からシャッターを押す信号を送り込める機種のように、シャッターを押す信号を送り込む装置を使った方法です。この装置が市販品ではないことと、このタイプのカメラが生産されなくなったので、これも入手が困難であり、あまり一般的ではありません。

　もう1つは、物理的にシャッターを押す装置です。マジカルトイボックスでもソレノイドという部品を使った装置を製作講座で作ったり、本（『スイッチ製作とおもちゃの改造講座入門』明治図書刊）でも作り方を紹介しています。これにはカメラの機種を問わず、携帯電話についているカメラも使えるなどの利点があります。

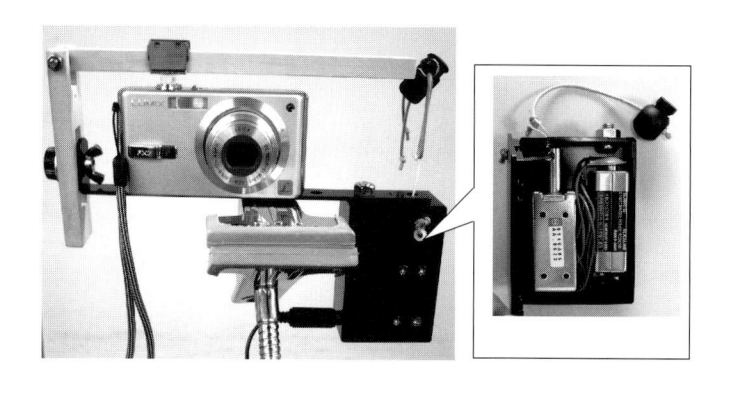

40

シャッターボタンで電源が入るカメラを利用する

　カメラのシャッターボタンを直接押す装置を用いて、実際にカメラのシャッターを操作する便利な機能の紹介です。デジタルカメラは電源にバッテリーを用いるものがほとんどなので、電源が入っていてもしばらく操作しないと、省電力のため自動的にスリープモードになる設定があります。バッテリーが長持ちしてよいのですが、いざ撮影しようと思うとスリープから復帰する操作が必要になります。

　機種によっては、この復帰操作をシャッターボタンが兼ねているものがあります。つまり、スイッチでシャッターボタンを直接押すことのできる装置があれば、最初のスイッチ入力でスリープモードから復帰し、そのまま同じスイッチを再度入力することでシャッターを切ることができることになります。

　このような機能をもっているデジタルカメラの場合、写真に示したようなシャッター押し装置を一度セッティングしてしまえば、あとは好きなときにカメラを起動し、シャッターを切ることが1スイッチのみで可能です。カメラはシャッターチャンスが大事なので、このような機能はとても便利です。

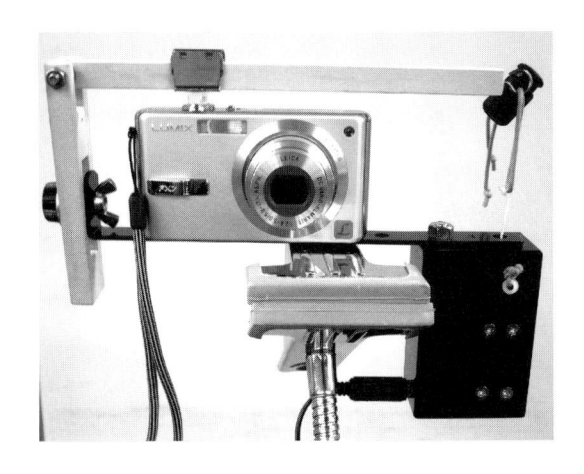

6　カメラ

6 カメラ

41 Webカメラを使えば、レンズの向きも変えられる

　最近のWeb用USBカメラはパソコンの機能向上に合わせて機能がアップしてきています。画素数も、静止画で700万画素を超える撮影もできるようになってきました。画素数は今後も大きくなっていくのは確実ですが、Ａ４または普通の写真サイズの画像を撮影するのにはすでに十分な機能をもっているといえるでしょう。価格的にも携帯用のデジタルカメラよりずっと安価ですし、おまけのソフトも便利です。パソコンショップで入手できるので、おすすめです。

　WebカメラはUSBコードでパソコンにつなぐので設置の位置や向きを自由に設定できる利点があります。撮影する画像はパソコンのモニター上で確認できますから、モニターを大きくすればそれだけ大きな画像で見ることができます。プロジェクターや大型ディスプレイモニターに映し出すこともできます。

　また、「パンチルト機能」といってパソコン側からレンズの向きを上下左右に動かすことができる機種も出ています。後述するジョイパッドの応用と組み合わせれば、この機能も十分に生かすことができます。短所は、パソコンにかかる負担が大きいとパソコンの能力によって画像の変化や反応が遅かったりすることです。

　撮影はパソコンモニター上のアイコンをクリックすればよいのですが、これはP.46で紹介しているさまざまなスイッチインターフェイスを使用すれば可能です。

42

回転台を使ってカメラの向きを変える・指差す

　車いすでデジカメ写真撮影をするとき、カメラの落下を防ぐためにしっかりと固定されることが多いようです。そのために、被写体を画面に思いどおりに収めるのに車いすごと動かさなくてはならなくなりますが、これではとても不便です。

　少し高級な写真機用三脚には、カメラを取り付けて上下左右の向きを自由に調整できる雲台がついていて、取り外すことができます。三脚から取り外した雲台を車いすなどに取り付けることができれば、写真撮影の世界はかなり広がります。もっと手軽にカメラの向きを変えたいという場合には、テレビの回転台や調味料の回転台に小型の三脚をしっかり固定するという方法があります（写真①）。回転台は車いす用のテーブルにしっかり固定するために底面にすべり止めや両面テープを貼って動かないようにします。カメラの向きを変えたいときは、回転台の縁を指先でなぜるようにして少しずつ回転させます。

　応用としては、回転台に矢印か指差しのおもちゃ（写真②）やレーザーポインター（写真③）を載せて、回転台を動かして選択肢から選ぶことができます。たとえば「グー」「チョキ」「パー」の絵カードを並べて、矢印か指差し人形で選んで示してジャンケンをすることができます。言葉で言い表せなくてもわずかな指の動きでジャンケンなどの意思表示ができるのです。

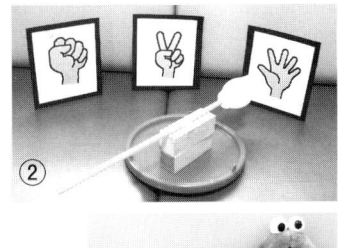

イメージするだけでものが動かせる？

（コマ1）
何してるの？

（コマ2）
頭の中でイメージするとものが動かせるって聞いたんだよ

脳波スイッチのことね

脳波スイッチ→誰もが出している脳波をうまく読みとってスイッチ操作する装置

（コマ3）
ともちゃんは脳波スイッチと音楽ソフトを使って作曲したのよ

（コマ4）
がんばるゾ！

ちがうんだけどなあ

マンガＡＡＣ入門☀12

　スイッチというと写真①のような押すタイプのものを思い浮かべることが多いと思います。確かに、経験的にもこの押すタイプのスイッチで８割ぐらいの子どものニーズを満たすことができます。しかし、操作する力がとても弱かったり、身体がほとんど動かない子どもには、いろいろな機器が用意されています。

　その典型が「脳波スイッチ」のような特殊なスイッチです（写真②）。技術の進歩で人間の生体反応を検知する「脳波スイッチ」、筋電で動かせるスイッチなど動作を必要としないスイッチや、さわらないで操作をすることができる「光ファイバースイッチ」「視線スイッチ」などの非接触型スイッチなど、利用者のニーズに合わせたスイッチが多数開発されています。スイッチに子どもを合わせるのではなく、子どもにスイッチを合わせるために、どのようなものがあるか知っておくと役立ちます。

①押すタイプのスイッチ

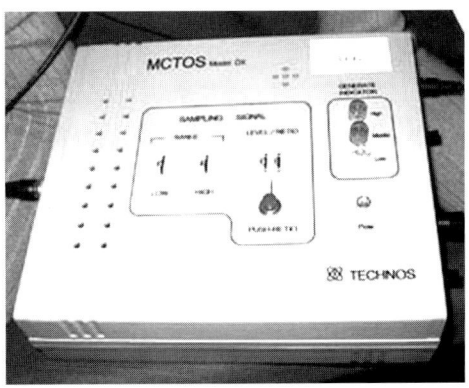

②脳波スイッチ

7 ゲームパッド

43 ゲームパッドをスイッチインターフェイスにする

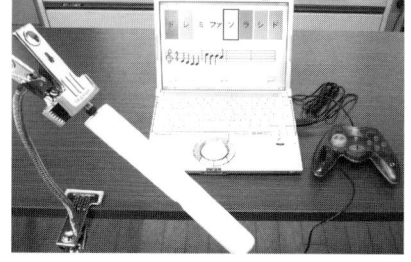

　キーボードやマウスを使わずに本人の使いやすいスイッチでパソコンを操作できるようにするために、さまざまなスイッチインターフェイスが開発されています。しかし、必ずしも「高価な市販品＝有効性も高い」とはいえず、当然のことながらニーズに合っているかどうかが有効性を左右します。安価な製品であっても、使い方次第で高い効果を発揮することもあります。ここで紹介するのは、パソコン用のゲームパッドをスイッチインターフェイスとして使うアイデアです。

　ジョイスティックやゲームパッドの信号をキーボードやマウスの信号に変換するソフトがあります。たとえば「JoyToKey」[※]はインターネットからダウンロードできる無料のソフトで、これを使うと、ゲームパッドのボタン操作でキー入力やマウス操作を行うことが可能になります。写真①、②のように、ゲームパッドを改造してスイッチ用のジャックをボタンにつなげる加工を施すと、スイッチでゲームパッドのボタン操作（すなわちキー入力やマウス操作）を行うことができます。

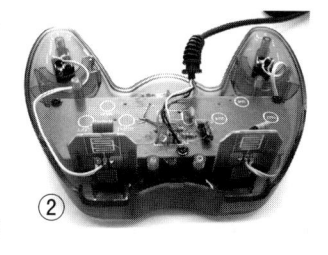

　ゲームパッドは1,000円以下でも市販されていますから、ほんの少しの加工により、安価で多機能なスイッチインターフェイスを導入することができるのです。

　※「JoyToKey」は以下からダウンロード可能です。
　（http://www.vector.co.jp/soft/dl/win95/util/se101657.html）

44 ゲームパッドスイッチインターフェイスでマウスクリック

　ゲームパッドを改造したスイッチインターフェイスを使って、マウスのクリック操作をスイッチで行う方法を詳しく紹介します。

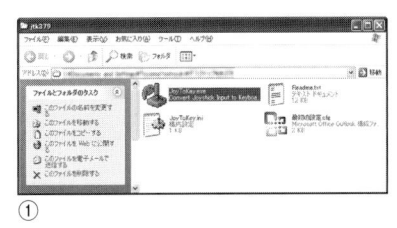

　まず、ゲームパッドをパソコンに接続します。USB接続なのでパソコン側で自動的に認識します。しかし、この段階ではゲームパッドにつないだスイッチからの入力はマウスの信号にはなっていません。そこで「JoyToKey」を起動します（「JoyToKey」は必ずゲームパッドを接続した状態で起動しないとエラーが出るので注意してください）（①）。

　「JoyToKey」の設定画面でスイッチにつながっているボタン番号のところをダブルクリックで開き、「Mouse」のタブをクリックして表示させます。そして、②で示したように「ボタンの割り当て」の画面で「左ボタン」にチェックを入れて「OK」を押すだけで設定が完了します（③）。「JoyToKey」を起動させたまま（最小化して）クリックで動かしたいソフトに画面を切り替えます（④）。これでゲームパッドにつないだスイッチのONが左クリックによって入力されます。

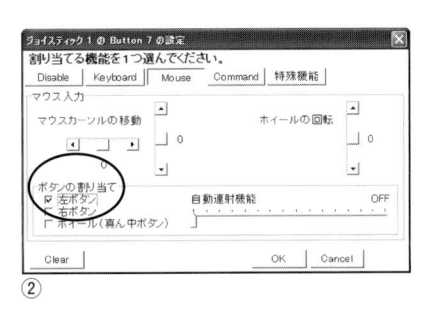

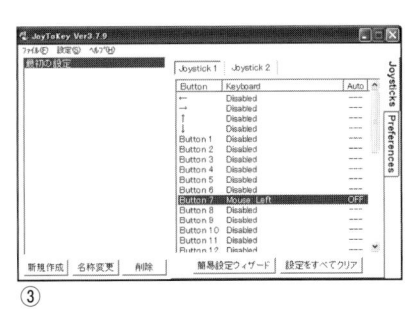

7　ゲームパッド

7 ゲームパッド

45

Tab／Enterでパソコンを操作

　Tabキーでフォーカスを移動して選択を行い、Enterキーで確定（実行）をする方法は、キーボードで操作することができるソフトの標準仕様（キーボードナビゲーション）ですから、選択的な入力操作を必要とする場合にTabとEnterの2つの入力だけで、かなりのことができます（①）。たとえば、②に示したように文章作成や意思伝達などを行う際に、この入力方法は有効性を発揮します。また、ネットサーフィンなどもこの方法で行うことが可能です。

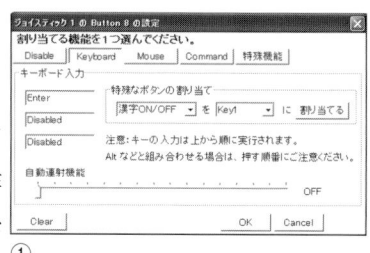

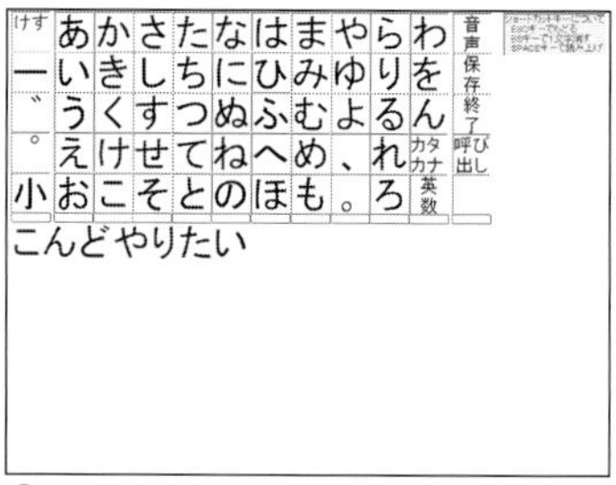

　「JoyToKey」を利用してゲームパッドをスイッチインターフェイスとして用いる大きな利点は、このようなキー入力を行う場合にあります（③）。というのは、通常キーボードからのキー入力は、キーを押し続けるとそのキーを繰り返し入力し続ける設定になっています（キーリピート機能）。肢体不自由の子どもは、本人の意図に反してキー（およびスイッチ）を押し続けてしまうことがあります。このような場合、パソコンに標準の「ユーザー補助」機能を使って、キーリピートを解除する（ないしは間隔を調節する）のが一般的です。

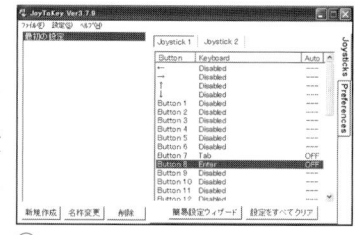

　一方「JoyToKey」によるキー入力は標準でこのキーリピートが効かないようになっています。「JoyToKey」のみの設定ですむ手軽さが、このインターフェイスの導入のしやすさにつながると考えています。次のページからの使い方では、これがさらに威力を発揮します。

46

ショートカットキーを利用して音楽鑑賞

キーボードUI（ユーザーインターフェイス）としてショートカットキー機能を搭載しているソフトも多いので、この機能を利用してスイッチでの操作を行うこともできます。「JoyToKey」では、1つのボタンに3つまでのキーの組み合わせを割り当てることができます（①）。これが大きな特徴です。

②に示してあるのは、「JoyToKey」でスイッチに接続してある1つのボタンに「Ctrl」と「F」の2つのキーの組み合わせを割り当て、もう1つのボタンには「Ctrl」と「P」の組み合わせを割り当てている設定画面です。

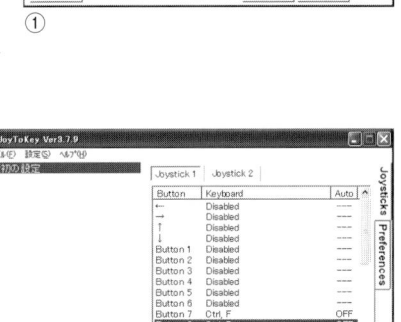

Windowsに標準でインストールされている「Windows Media Player」では、「Ctrl + F」のショートカットキーで「次の曲へ」進めることができ、「Ctrl + P」のショートカットキーで「再生・停止」を行うことができます（③）。上記の設定を用いると、1つのスイッチで曲の選択（次へ）を行い、もう1つのスイッチで再生（および一時停止）を行うことができるわけです。

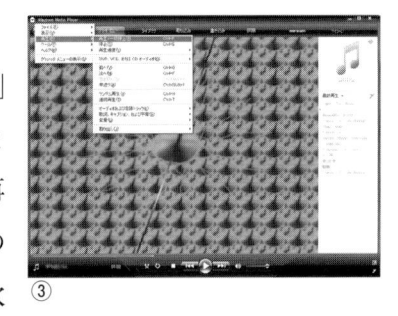

Apple社の「iTunes」もショートカットキーでの操作に対応しています。「iTunes」の場合は「Ctrl +→」が「次へ」に対応し、「Spaceキー」（空白のキー）が「再生／一時停止」に対応しています。

7 ゲームパッド

パソコンにスイッチをつけるにはどうすればいいの

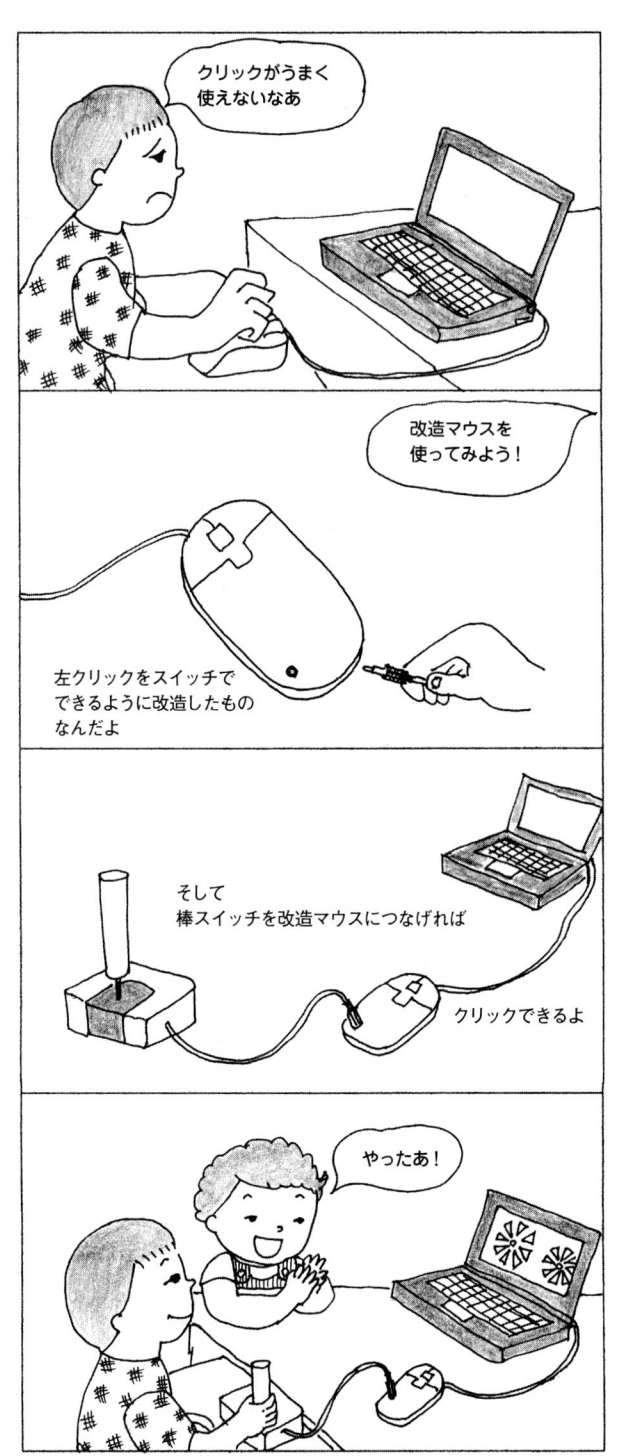

クリックがうまく使えないなあ

改造マウスを使ってみよう！

左クリックをスイッチでできるように改造したものなんだよ

そして棒スイッチを改造マウスにつなげれば

クリックできるよ

やったあ！

マンガＡＡＣ入門☀13

　パソコンにスイッチをつなげる方法は、一般的には市販のスイッチインターフェイスを活用するものとマウスやゲームパッドを改造してスイッチをつけられるようにする方法があります。
　前者は、事例 55 で紹介したものの他に
「スイッチインターフェース USB」（アクセスインターナショナル）
「なんでもスイッチ USB」（テクノツール）
などがあります。

「スイッチインターフェイスUSB」

「なんでもスイッチUSB」

　また、市販のマウスやジョイスティックを改造する場合には、『スイッチ製作とおもちゃの改造入門』（明治図書刊）をご参照ください。電気工作の知識があれば改造を施すことは簡単ですが、パソコンのような精密機械につなげることを考えると、多少高くても市販のインターフェイスを購入されることをおすすめします。また、これらの市販品は専用のユーティリティーソフトがついていて、機能を切り替えられるものもあり、活用方法が広がります。
　コミュニケーションのソフトまでがついている「ディスカバープロ with インテリスイッチ」（アクセスインターナショナル）ならば、コンピュータのさまざまな操作をコードレスで操作することが可能になります。

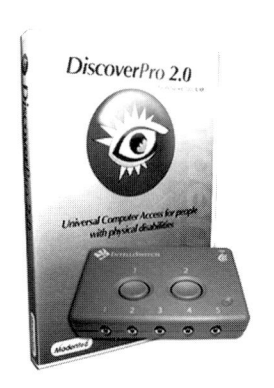

「ディスカバープロwithインテリスイッチ」

7 ゲームパッド

47

スイッチで和音伴奏

　「JoyToKey」でのキー入力の組み合わせでは、事例46で示した設定画面の上から順に実行されますが、実際にはほぼ同時に押されたのと変わらない動作をします。これを利用すると、1スイッチで3つのキーの同時入力を行うことが可能となります。

　たとえば、MIDI音源を使用したフリーウェアの音楽ソフトでパソコンのキーを鍵盤代わりにして演奏できるものがありますが、3つのキーを組み合わせて1スイッチで和音を鳴らすことができます（①）。メロディーを演奏することが難しい子どもでも、スイッチで和音伴奏が可能になります。

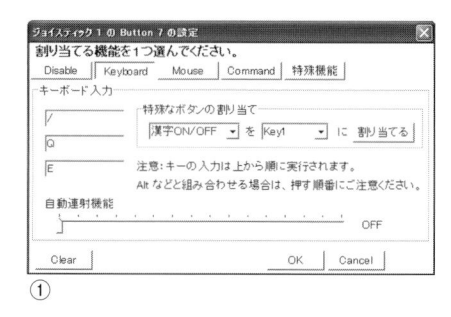

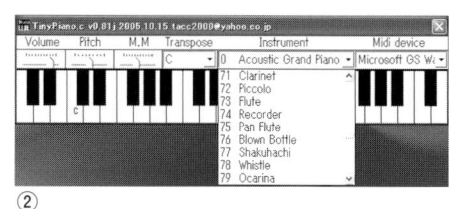

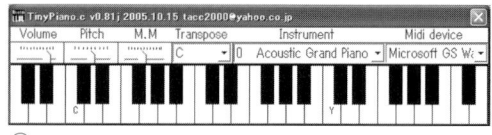

　パソコンはMIDI音源でさまざまな音色を鳴らすことができるので、鍵盤楽器、管楽器、弦楽器、打楽器など、多様な楽器音を鳴らすことができます（②）。さらに、4～5千円で市販されている「USB MIDIインターフェイス」を使うと、MIDI端子をもった電子ピアノや電子楽器をパソコンにつないで、ゲームパッドスイッチインターフェイスからのスイッチ入力で電子楽器を演奏することもできます。

　※写真③に示してあるのは、「TinyPiano」というフリーウェアです。以下からダウンロードできます。
　http://www.geocities.com/tacc21j/tpiano-j.html

48 パワーポイントのスライドジャンプをスイッチで

プレゼンテーションソフトとしてよく知られているパワーポイントは、通常クリックや Enter キー（あるいは右方向キー）でスライドを順番に進めながら使うことが多いと思います。実は、ページの前後に関係なく目的のスライドへ一気に飛ぶこともできるのです。キーボードで目的のスライド番号を数字キーで押した後、Enter キーを押すとそのページにジャンプするようになっています。

写真①②は、ゲームパッドの中身の基板を取り出して別のケースに収め、ゲームパッドのボタン8個分をスイッチジャックにつないだインターフェイスです。このようにして複数のスイッチをつないで、「JoyToKey」で各ボタンに「1 – Enter」「2 – Enter」「3 – Enter」……というようにキーの組み合わせを割り当てておけば（③）、パワーポイントの各スライドにジャンプするスイッチを設定することができます。

各スライドに音声の自動再生を設定しておけば、VOCA や意思伝達として使うこともできますし、音楽を選んでかけるなど、スイッチに対応した画像と音声のフィードバック、動画の再生などで楽しむことができます。

①

②

③

7 ゲームパッド

49 パワーポイントでも「選択／確定」

7 ゲームパッド

　パワーポイントとの組み合わせによる活用アイデアの応用編です。2つのスイッチだけで目的のスライドを出したり、元のスライドに戻ってきたりすることができます。

　パワーポイントで新規のファイルを作る際、最初にスライドが1枚だけ表示されます。無地のレイアウトにして、そこに動作設定ボタンを2つ貼り付け、それぞれスライドの両脇の少しはみ出たところ（スライドショー再生時には表示されない領域）に配置します（①）。このスライドをコピーして貼り付けを繰り返し、動作設定ボタンが2個配置された無地のスライドを必要なだけ作ります。

　あとは、全体の構成（たとえば階層構造）を考えながら、それぞれのスライドに画像や音声、動画、アニメーションなどを設定していきます。

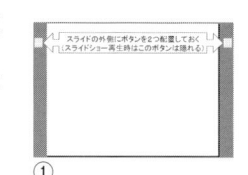

　各スライドに配置した2つのボタンのうち、先に配置したほうのボタンは選択肢を送る役割を果たすものと考えてください。オブジェクトの動作設定で次の選択肢になるスライドにジャンプするように設定します。もう1つのボタンは、確定し実行したいスライドにジャンプするように設定します（②）。

　スライドショー実行時にキーボードから「Tab Enter」と連続で入力すると、各スライドに配置した1つ目のボタンが動作します。一方「Tab Tab Enter」と連続で入力した場合は2つ目のボタンが動作することになります。

　「JoyToKey」で1つのボタンに「Tab Enter」の組み合わせを割り当て、もう1つのボタンに「Tab Tab Enter」の組み合わせを割り当てておくと、片方のスイッチで選択肢を切り替え、もう片方のスイッチで確定の操作ができます（③）。

52 アクリル板とマイクロスイッチでタッチパネル

パソコンソフトで遊んでいると、思わずモニター画面手を伸ばしてさわる子どもがよくいます。タッチパネル画面になっていれば子どものタッチ（クリック）に応答した変化を返してくれます。

画面をタッチしたら左クリックできる「タッチパネル」は、簡単な工作でできます。モニターから透明アクリル板を吊り下げて（写真①）、アクリル板の下部にモニターにスイッチ面が向かうようにマイクロスイッチを取り付けて、マウスインターフェイスの左クリックの端子につなぎます。画面上部に張り出しをつけて、アクリル板は前後に動くように、幅広の透明テープで固定して吊り下げます。

マウスを左クリックすると画面が変わるゲームソフトは事例59～67で紹介しています。マイクロソフトのパワーポイントを使えば、クリックするたびに音声が出力され、画面が変化するファイルを比較的容易に作成することができます。

お気に入りのテーマを決めて、デジタルカメラで写真を撮ったりスキャナーで取り込んで、ナレーションをつけたスライドショーを作ればオリジナルの動く図鑑ができます。もっと設定の自由が高いソフトを作るには「フラッシュ」や「モーションメーカー」などのソフトを作るソフトにもチャレンジするとよいでしょう。

アクリル板の他にも、子どもの手元にも左クリックのスイッチを置いておくと、時間の経過とともに手元のスイッチが同じ機能をもっていることに気がついて、手元のスイッチを使えるように変化していきます（写真②）。

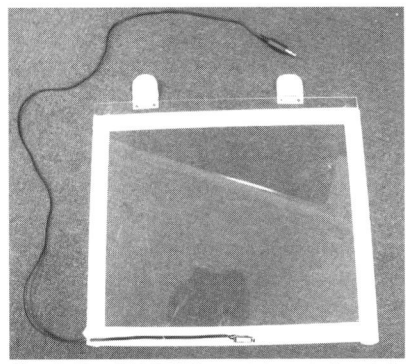

①アクリル板の下部にマイクロスイッチをつける

②スイッチのプラグをマウスの左クリックにつなぐ

8 パソコン

メッセージVOCAに何を入れる

(1コマ目)
このボイスメモ便利だけど1つしか録音できないね
チャオ

(2コマ目)
「チャオ」なら「おはよう」でも「こんにちは」でも「さようなら」でもいいじゃない

(3コマ目)
こんな工夫もいいよ
チャオ 1回では おかあさん
チャオ チャオ のどがかわいた
チャオ チャオ チャオ トイレに行きたい

(4コマ目)
チャオ チャオ チャオ チャオ 4回で「ありがとう」ってどう？
いいねえ

障がいがあるというのは確かに不便なことです。支援機器を活用したとしても健常者と同じことができるとは限りません。だからといって「障がいがあるからできない」と考えるのか「障がいがあってもこれはできる」と考えるかで、広がる世界は違ってきます。

　同様に1メッセージのVOCAも同じで「1つのメッセージしか録音できない」と考えるのか「大切な1つのメッセージを発することができる」と考えるのかで変わってきます。

　マンガにあるように、いつでも押せるようにVOCAを車いすにつけて「チャオ」と発声すれば、登校時の出会う人とのコミュニケーションのきっかけが始まります。いつもはあいさつをされてばかりいる子どもが、自分から働きかけることでまわりの見る目は変わります。

　買い物学習ではほしい物を録音し、店員さんに伝えられれば買い物が自分でできます。大切なのは決定権を子どもが握っていることです。役割を与えることで、意欲は大きく高まっていきます。

メッセージメイト

ビッグマック

8 パソコン

53

「Swifty」と「できマウス。」

　マウスを改造して左クリックをが可能になれば、さまざまソフトを操作することができます。また、右クリックの操作も引き出せれば2つのスイッチでHearty Ladderのようなソフトがあれば「選択」「決定」ができるので、幅はぐんと広がります。

　しかし、それでも操作できるものは限られてきます。そこで事例43にあるように、ジョイパッドとJoyToKeyのようなユーティリティーソフトを使えば可能性は広がります。

　しかし、ソフトはインターネットなどで簡単に手に入るとしても誰もが改造できるわけではありません。そこで、市販の入力インターフェイスとして「Swifty」と「できマウス。」があります。

　「Swifty」もUSBメモリのような小さいスイッチインターフェイスです。標準ではコネクタが1つしかありませんが、アダプターをつければ最大3つのスイッチをつけることができ、コードレスでの操作も可能です。

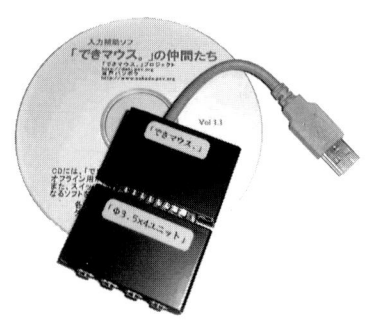

「swifty」

　また、「できマウス。」は、JoyToKeyを使うことでさまざまな入力を可能にできますし、オプションのインターフェイスやソフトが開発されているので、学校に1つあればさまざまな利用方法が可能となります。

「できマウス。」

　詳しくは下記のWebページをご参照ください。
　「Swifty」http://www.at-market.org/index.html
　「できマウス。」http://dekimouse.org/

54 タッチパネルで絵を描こう

8 パソコン

　写真①は、特別支援学校の生徒がタッチパネル式のパソコンで、富士通キッズタッチシリーズ「ぬりえできるかな？」というソフトを使って描いた絵です。一見、絵になっていないと感じられる方もいると思いますが、こうした活動は大切です。

　写真②は、3歳児がお絵かきボードを使って、絵を描いているところです。何度も何度も、何本か線を描くとすぐに消して、「描いては消して」を繰り返しているのです。ペンを使って描けること自体が楽しいのだと思われます。大人から見ると無意味な活動のようにも思えますが、「描いては消して」という遊びを繰り返すうちに、彼のなかでものを描くイメージが形成されていき、手の巧緻性も向上していきます。これは障がいのある子どもも変わりません。

　写真③は、同じ生徒がおよそ半年後に描いた作品です。絵の作風はあまり変わりありませんが、上下の動きが見られたり、画面全体を使おうとしている様子がおわかりいただけるのではないかと思います。このように子どもは楽しく遊ぶことを繰り返すことによって、知らず知らずのうちに成長していくのです。

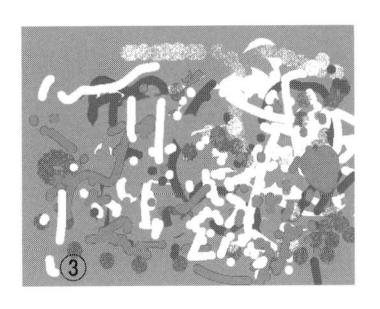

8 パソコン

55

スクリーンキーボード＋ねころびマウス

　筋ジストロフィーの女子高生からラブレターを書きたいという相談がありました。うなずく動作で「どっちもクリップスイッチ」（どっちもクリップで固定した棒スイッチ）を顎で押せますが、キーボードのキーを指で選ぶこと、また通常の大きさのトラックボールを動かすこともできないと言います。

スクリーンキーボード

　ラブレターを書くには、ワープロソフトを起動しておいて、パソコンの画面上に「スクリーンキーボード」を呼び出します。WindowsXPであれば、「スタート」⇒「すべてのプログラム」⇒「アクセサリー」⇒「ユーザー補助機能」⇒「スクリーンキーボード」の順になります。この画面上のキー

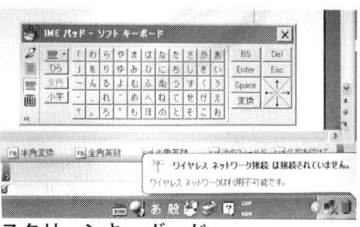

ねころびマウス

をクリックするとワープロソフトのウインドウに反映します。実際には一太郎の「ひらがなスクリーンキーボード」を使いました。

　インターネットで検索すると「スクリーンキーボードライブラリー」などの無料ソフトのWebページがあるので、使い勝手のよいスクリーンキーボードを探して使ってもよいでしょう。マウスのポインティングは「ねころびマウス」という、どちらの手で握っても親指で小さなトラックボールを操作できる機器を使いました。親指で動かせるトラックボールがついていれば他の機種でも使えます。

　マウスの左クリックは「ねころびマウス」にもありますが、指の力が弱くて押せないので「どっちもクリップスイッチ」をマウスインターフェイス（事例32で紹介）につないで使用しました。

　この女子高生は、相手が変わっても、設定だけは変えずにその後もラブレターをせっせと書いていました。

56 ジョイスティックにキーガードを取り付ける

　写真①は、パソコンでゲームをするときに使うジョイスティックです。ボタンも方向キーも大型のものになっていますが、ゲームパッドと基本的な仕組みは同じですので、これまで紹介してきたゲームパッドを使う事例を同様に活用することができます。

　ジョイスティックとジョイパッドは機能面では大きな違いはありませんが、操作性や操作感は大きく異なり、ジョイパッドの方向キーは上手に扱えなくても、ジョイスティックは上手に扱えるという子どももいます（もちろん、逆の場合もありますので、それぞれの子どもに適した支援機器を導入する必要があります）。

　なお、ボタンの距離が近すぎて誤って複数のボタンを同時に押してしまうときは、写真②のようにキーガードを直接取り付ける改造を行うと扱いやすくなります。パソコンのキーボード用のキーガードはキーに印刷されている文字を見る必要があるので、透明素材のアクリルなどを利用することが多く、製作は意外と困難ですが、ジョイスティックのキーガードは、印字を見る必要がないので、工作のしやすい発泡塩化ビニルという不透明な素材で、比較的簡単に作ることができます。薄手の紙でボタンの配置を移し取り、それに合わせて直径 15mm 程度の穴をホールカッターを使って開ければ OK です。

　このような改造をすることによって、事例 51 のように JoyToKey と組み合わせてキーガードつきのジョイスティックタイプのマウスとしても使用することもできます。

8 パソコン

57

パワーポイントで作ったソフトを使う際のアイデア

　ゲームパッドスイッチインターフェイスでパワーポイントファイルの操作を行う際のちょっとしたアイデアです。画面の切り替えのところで各スライドに音声の再生を設定しておく方法で、パワーポイントを絵本読みのソフトや電子紙芝居として使うことが簡単にできます。また、画面情報付きのVOCAとしてプレゼンファイルを使うことができます（①）。

　「JoyToKey」を利用してスイッチ操作による画面の切り替えが可能になりますが、誤操作による切り替えで困ることがあります。絵本読みや音楽再生のソフトをパワーポイントで作った場合、各スライドに設定した音声は長くなります。音声再生中にスイッチ操作があった場合、スライドは次に切り替わってしまうので音声も再生途中で切り替わってしまいます。使う状況によっては、音声再生中はスイッチの入力を受け付けないようにしてほしいこともあります。

　実は、ちょっとしたアイデアでこれを解決できます。子どもが操作するスイッチには「JoyToKey」で右方向キー（→）または「Space」キー（空白のキー）を割り当てておきます。それとは別に支援者用のスイッチとして「Alt」キーを割り当てたものを用意します（②）。音声再生中などスイッチの入力を受け付けないようにしたいときには、この「Alt」キーのスイッチを支援者が押しておくのです。

　こうすると、右方向キーや「Space」キーを押しても画面は切り替わりません。再生が終わった段階で「Alt」キーを解除すれば、また元のように子どものスイッチで操作可能となります。

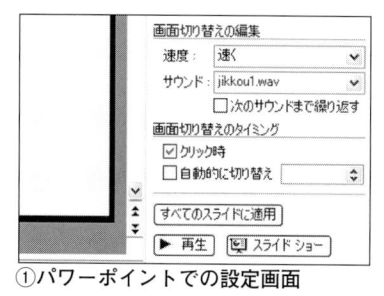

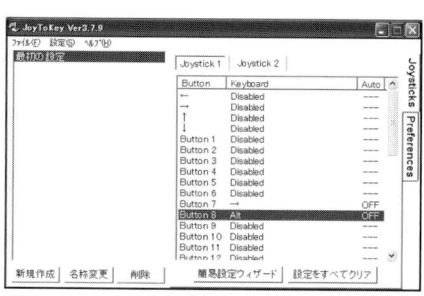

①パワーポイントでの設定画面

②JoyToKeyでの設定画面

58 プロジェクターのスクリーンの工夫

　集団活動などでパソコンの画面をプロジェクターでスクリーンに投影するときに、姿勢の関係などで通常の位置では見えにくい、あるいは、まったく視野に入らないということがないでしょうか。

　そのようなとき、スクリーンの代わりに、展示などに使う白いスチレンボードのパネル（発砲ポリスチレン樹脂）を試してみてはいかがでしょうか。とても軽量なので、さまざまな方法で見やすい角度に固定できます。写真では、イーゼルの上で前傾させて固定しています（写真①）。軽量なのでガムテープなどで簡単に固定できます（写真②）。軽量であるため、反りやすい性質もあり、反ると画像がゆがんで見えにくくなりますので気をつけて固定します。

　パネルの位置が決まったら、次はプロジェクターの設置です。角度が合わないとゆがんだ画像になり、場合によっては気分が悪くなるかもしれません。スクリーンの真正面から投影するように、プロジェクターの位置を工夫します（写真③）。台形補正機能などがついている機種は、それを利用してもよいでしょう。うまく設置すれば、真上であっても投影することができます。

スイッチのプラグは共通規格

こんなにたくさんのおもちゃにつけるスイッチないよ

スイッチは共通規格だからどのおもちゃにも使えるのよ

スイッチに使っているのは、みんな同じサイズってこと

共通規格？

ボックス型ジャック
ミニジャック

イヤホンにはステレオもあるけど スイッチのほうはモノラルだけを使っているの 気をつけてね
（ステレオジャック）
（モノラルジャック）

イヤホンのジャックと同じなんだ！

ということは スイッチをイヤホン代わりにできるんだ

そんなわけないでしょ！

写真①は市販品や自作のさまざまなスイッチです。以前は、操作されるものとスイッチが一体化されていたり、独自の形式でスイッチがつなげられたりしていましたが、現在はほとんどのスイッチが 3.5mm モノラルジャックで統一されるようになりました（写真②）。そのため、いちいち、スイッチを使い分ける必要がなくなりましたし、その人に最適なスイッチでいろいろな物が使えるようになります。また、作る側にとっても標準規格で作れるので、作りやすくなります。ただ、スイッチ自身を作動させるために電源を必要とするものもあるので、そういった場合に別系統の AC アダプターをつけるものもあります。

　自作でスイッチを作る場合には、必ずモノラルのジャックを利用してください。ステレオジャックではうまく作動しません。また、スイッチで作動させるものは、とても危険なので 100V の電流が流れるようなものは、けっして自作しないでください。

①さまざまなスイッチ

②3.5mmモノラルジャック

59

「FPSECSL（福島県養護教育センターソフトウェアライブラリ）」

http://www.special-center.fks.ed.jp/webFPSECSL/fpsecslindex.html

事例59～67までのWebページの紹介はダウンロードしてそのまま使えるソフトや、教材を作るためのアイデア、ATに関しての基本的な情報を紹介しています。

福島県養護教育センターのWebページにあるソフトのライブラリーです。登録総数は1040（2008年11月現在）あり、まずはここを最初に閲覧してから他をあたるというぐらい有名なWebページです。もちろん、センターで作られたソフトだけでなくさまざまな学校で作られたソフトが紹介されていますが、紹介だけでなく、直接ダウンロードできるようになっているソフトもあります。

ソフトはOS別（Windows, Macintosh）、教科別に分かれています。最新版は以下の特別支援教育で使えるソフト紹介に掲載されています。

「FPSECSL」のWebページ

http://www.special-center.fks.ed.jp/soft_s/soft_tos.html

60

「Hearty Ladder（ハーティー ラダー）」

http://takaki.la.coocan.jp/hearty/

キーボードやマウスでの入力ができない人のために開発された文章入力用のソフトです。開発の中心メンバーである吉村隆樹さんは自身が障がいをおもちですが、長年ソフトを開発されている優秀なプログラマーです。

基本は50音表の文字を1スイッチから9スイッチまでのさまざまな入力方法で選択して文章を作るというものですが、現在はそれだけでなく、メール機能やホームページ閲覧機能、Windowsの操作機能などさまざまな機能に発展しています。

こちらのソフトを、ひらがなの学習に使うこともできます。ひらがなの習得にあたっては、繰り返し書いて覚えるという方法もあるかと思いますが、まひなどのために筆記用具で文字を書くことができない子どもの場合、ひらがなの習得が意外と困難な場合もあります。そこで、こちらのソフトを使って単語や短い文章を打つ練習を繰り返したところ、ごく簡単な文章を自分で打ち込むことができるようになった子どもがいました。

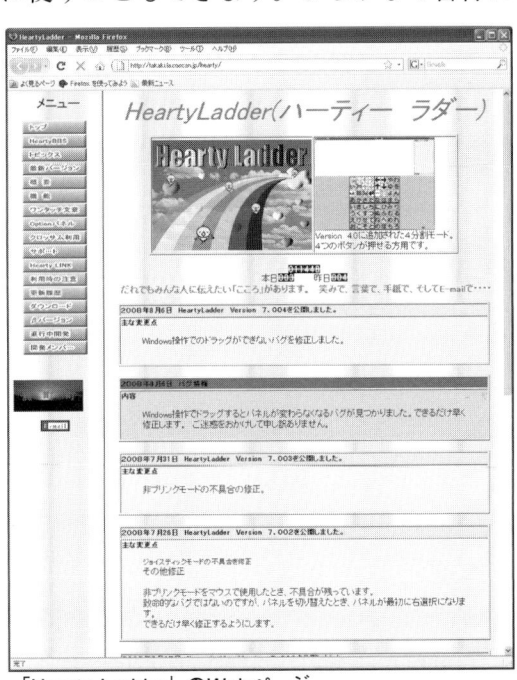

「Hearty Ladder」のWebページ

9 役立つweb情報

9 役立つweb情報

61

「FLASH教材試作室」

http://www.geocities.co.jp/NeverLand/8857/

　東京都の特別支援学校の吉村史郎先生のWebページには、FLASHで作られたソフトや教材が載っています。FLASHはWebページによく使われていますが、WindowsでもMacintoshでも利用することができ、また動作も軽いので携帯型のゲーム機や携帯電話でも使われています。

　このWebページではソフトだけでなく、印刷して使える教材も紹介されていますし、FLASHを使う他の簡単な講座も載っています。FLASHについてあまり知らない場合には、まずここを閲覧するとよいでしょう。

「FLASH教材試作室」のWebページ

9 役立つweb情報

62

「kanzasoft」

http://kanza.qee.jp/

　石川県の特別支援学校の神佐博先生のWebページです。FLASHで作られたソフトが200以上も登録されていて、自作でソフトを作ろうと考える前にまずはここで調べればほしいものが見つかる可能性が高いでしょう。

　もし、見つからなくてもFLASHでソフトを作る方法も紹介されているので、興味と意欲がある方はぜひこのWebページを使って参考に自作ソフトを作ってください。

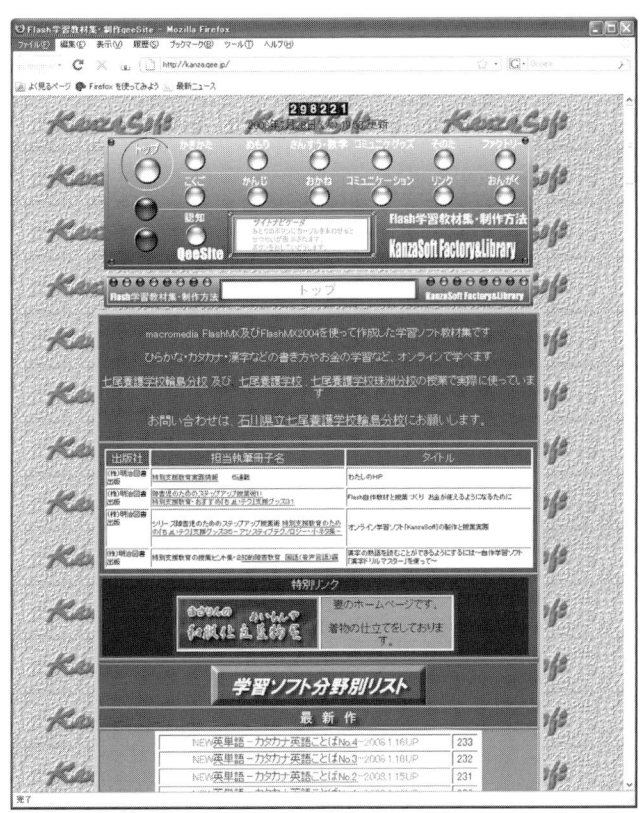

「kanzasoft」のWebページ

63 「教育支援ソフト」

http://flashed-soft.cocolog-nifty.com/

大阪府の特別支援学校の近藤春洋先生のWebページです。障がいの重い子どもが1スイッチで操作できるシンプルなソフトから、発達障がいの子どもたちのための学習を支援するソフトまでさまざまなものが紹介されています。

このWebページはブログを利用してソフトを登録しているので、一つひとつのソフトがただ登録されているだけでなく、それぞれのソフトについての詳しい解説があり、どのような目的で作られているのかがわかり、指導の参考になります。

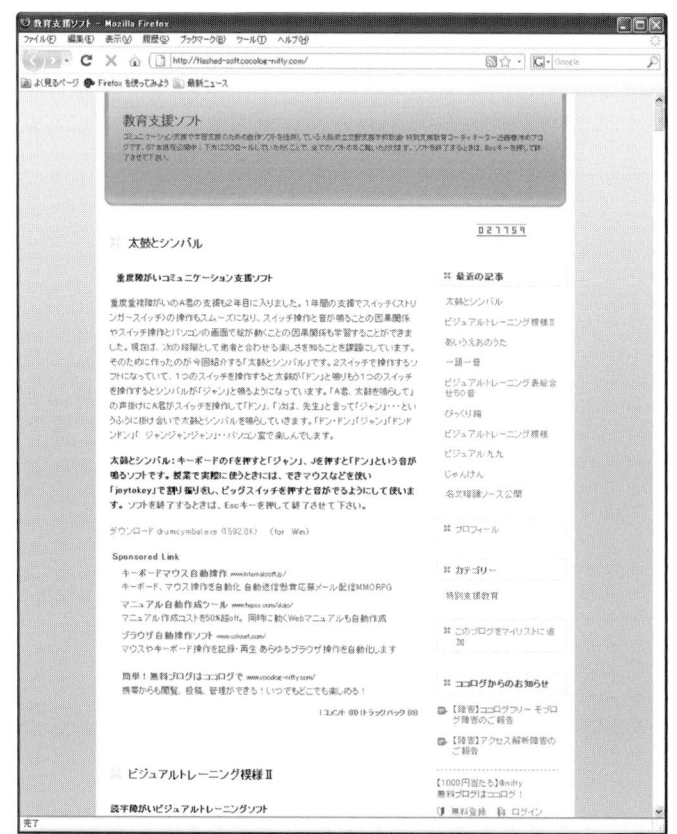

「教育支援ソフト」のWebページ

「DROPLET PROJECT」

http://droplet.ddo.jp/

　文字の理解が難しい子どもたちにとって、シンボルは有効なコミュニケーション支援となります。日本では、PCS、PIC、MOCAなどが有名ですが、前者2つは市販品であるために、ソフトを買ったり書籍を手に入れなければなりません。MOCAも作者の佐原恒一郎先生に連絡をとるか、MOCAの入っているCD付きの『特別支援教育・おすすめ「ちょいテク」支援グッズ31』（明治図書刊）を購入しなければなりません。

　いくつかのWebページで自作のシンボルを掲載されている人もいますが、コミュニケーション場面で使うには数が少なく、写真や他の画像を流用することになり統一性がとれません。その点、このDROPLET PROJECTは300を超えるシンボルがWeb上に登録されているので、すぐに使うことができます。どのようなシンボルが登録されているのか一度閲覧してみることをおすすめします。

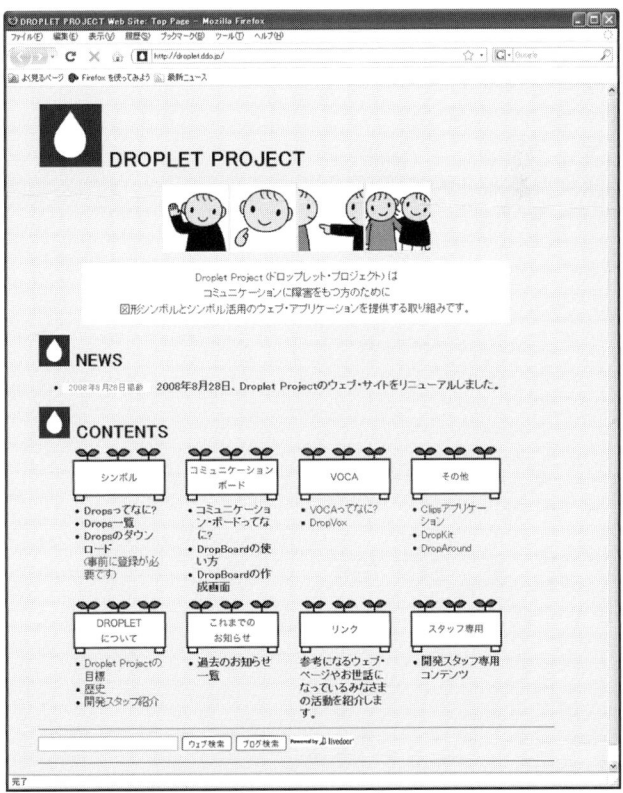

「DROPLET PROJECT」のWebページ

65

ATについてのWeb情報源（こころWeb→AT2ED）

　支援機器に関するWeb情報といえば「こころWeb（http://www.kokoroweb.org/）」です。これはウィスコンシン大学のトレースリソースセンターが作っていたトレースリソースブックの日本版として作られた「こころリソースブック」のWeb版でした。それまでは、ばらばらにあった情報を一つの体系化された本やWebにまとめることで、多くの人がATに近づくことが可能になったといえます。

　現在、こころWebは更新を停止しており、AT2ED（エイティースクウェアード http://at2ed.jp/）に移行しています。また、頻繁に更新情報を発信するためにこころウェブブログ（http://at2ed-kokoroweblog.jp/）というブログがあります。

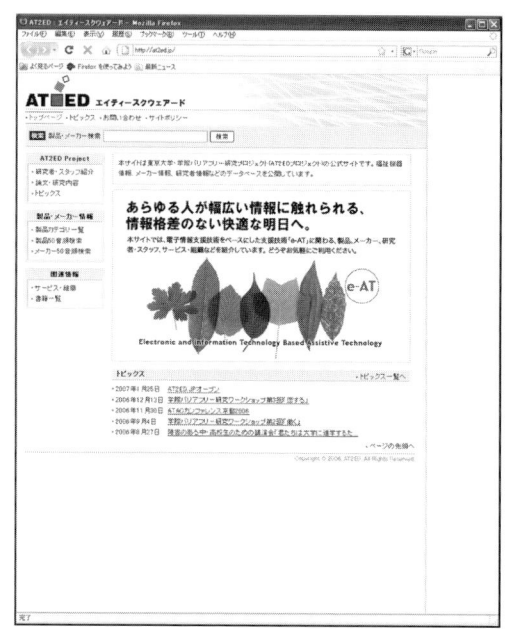

「こころWeb」

「AT2ED」のWebページ

66

「OCTくんと学ぼう」

http://oct-kun.net/

　北海道の特別支援学校の新谷洋介先生が公開しているソフトや教材の作り方のWebページです。ダウンロードできるソフトはWindows用ですが、インターネットに接続して使う教材もあるので、インターネットに常時つながっているパソコンならOSにかかわらず利用できます。

　また、ネットにつながっていなくても相談すれば個別の対応をしていただけるとのことですので、病院内学級や訪問学級でインターネットが利用できない場合、パソコン室しかインターネットにつながっていない学校などの場合には、相談してみるとよいでしょう。

　この他に、ここのWebページでは、シンプルテクノロジーとしてマウスの改造の仕方、スイッチの作り方も掲載されています。

「OCTくんと遊ぼう」のWebページ

AACって何？

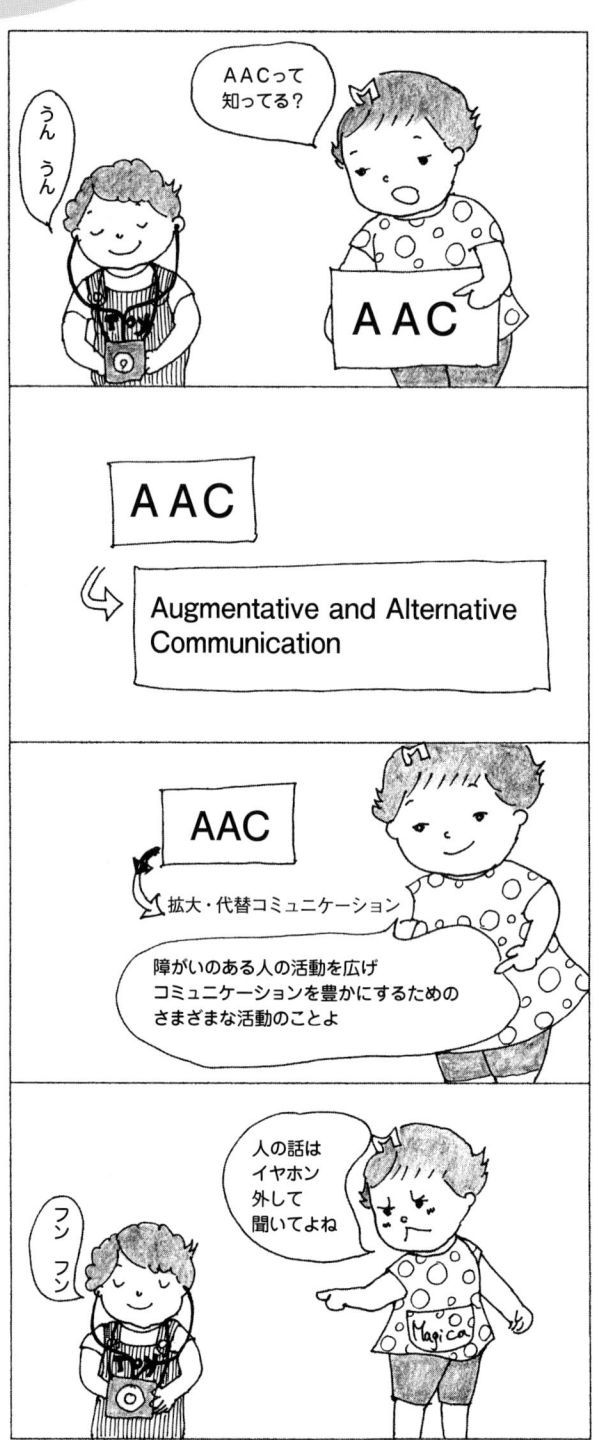

1コマ目:
- AACって知ってる？
- うん うん

2コマ目:
AAC
↳ Augmentative and Alternative Communication

3コマ目:
AAC
↳ 拡大・代替コミュニケーション

障がいのある人の活動を広げコミュニケーションを豊かにするためのさまざまな活動のことよ

4コマ目:
- 人の話はイヤホン外して聞いてよね
- フン フン

「AAC」の考え方を日本に普及させた第一人者の中邑賢龍氏（東京大学）はAACについて下記のように解説しています。

「ASHA（American Speech-Language-Hearing Association,1989,1991）の定義では、AACとは重度の表出障害をもつ人々の形態障害（impairment）や能力障害（disability）を補償する臨床活動の領域を指す。AACは多面的アプローチであるべきで、個人の全てのコミュニケーション能力を活用する。それには、残存する発声、あるいは会話機能、ジェスチャー、サイン、エイドを使ったコミュニケーションが含まれる」（『AAC入門』（こころリソースブック出版会刊・中邑訳)

AACとは「機器を使うことだよね」とよく言われることがあります。しかし、この定義を見るとそうではなく、「今ある能力を活用して、最大限のコミュニケーションを引き出す技法」と考えられます。機器を使う場合も多いのですが、より有効にコミュニケーションがとれるように、わかりやすく伝えることが大切です。コミュニケーション方法の確保だけでなく、その質も大切な要素といえます。

67 特別支援学校の授業に役立つ自作創作教材・教具

http://www.asahi-net.or.jp/~ue6s-kzk/

　この Web ページはソフトの紹介ではないのですが、たくさんの自作教材（2008年9月時点で351作品）の作り方が紹介されています。作者は埼玉県の特別支援学校の毛塚滋先生です。重度の肢体不自由児のためのシンプルなものから、知的障がいの子どものための大型の教材まで種々さまざまで、何かしら教材を作りたいと考える方は、まずはここを閲覧してみるとよいと思います。
　市販品の使い方やリンク集、日々気がついたことが日記に掲載されているので、教材製作という視点だけでなく利用の仕方のノウハウを学ぶ意味でも定期的にチェックするとよいのではないでしょうか。

「特別支援学校の授業に役立つ自作創作教材・教具」のWebページ

68

絵本読みのアイデア（子どもが主導権）

　ボイスメモにセリフを録音したら、それを何回も再生して遊びたいものです。絵本の読み聞かせをするときに、大人が一方的に読んでしまうのではなく、子どものリアクションを取り入れて読み進めるように工夫するともっと楽しめます。絵本の読み聞かせが、読み手とのやり取りをする劇遊びのようになって、同じ話を何回も楽しむことができます。

　1つのスイッチでボイスメモを再生するのですから、何回繰り返しても違和感のない気のきいた「合いの手」のセリフを考えて録音してみましょう。

　大部分の民話や昔話、創作絵本でも繰り返しが基本パターンになっています。子どもがこのパターンを好むのは、繰り返すことで子どもの中に予測する力が育ち、子どもの予測どおりに繰り返されたときに、満足感を与えてくれるからでしょう。この繰り返しの場面のきっかけになるセリフをボイスメモに録音するのです。

　『おおきなかぶ』だったら「うんとこしょ」と録音しておきます。子どもが「うんとこしょ」と再生したら、話を読んでいる途中でも読み手は「どっこいしょ」とリアクションを必ず返すようにします。このやり取りを何回か続けて、ときどき「まだまだ抜けません」と付け加えるのです。

　『はらぺこあおむし』だったら「モグモグ」と録音しておきます。子どもが「モグモグ」と再生したら、読み手は「おいしいねえ」とか「よく食べるねえ」と感情を込めてリアクションをするようにします。こうすることで、あたかも対話をするように絵本を楽しめます。

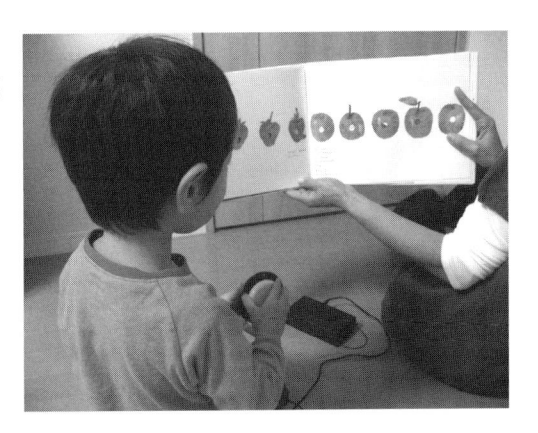

シンボルって何?

お寺に行ったら こんなマークが 貼ってあったよ

撮影禁止 のことね

英語や中国語 などで いろいろ書いてあっても さっぱりわからないよ

障がいのある人で わかる人のために 文字がわからなくても 絵を見れば いろいろなシンボルがあるのよ

うれしい（MOCAの例）　おいしい（PCSの例）　楽しい・うれしい（PICの例）

ボクの気持ち

絵やデザインを使ったシンボルは、文字が読めない、文字や音声言語が理解できない子どもにとって理解を助けるためにとても有効です。

一般的には「実物」＞「写真」＞「絵」＞「文字」の順番に理解しやすいといわれていますが、実はそうではない人もいます。実物には多くの要素が混ざっている可能性があり、人形が好きだと思っていたら、その人形の色が気に入っていたのであり、顔の写真を指差していたが、実は「目」のことを子どもが伝えたかったなど、誤解を生んでいる場合もあります。

ですから、ある程度、抽象度が高い絵やシンボルが使えるとコミュニケーションの質はぐんと上がってきます。

日本でよく使われているシンボルには下記のようなものがあります。インターネットでダウンロードできるものから、本やソフトを買えば使えるものなどさまざまです。どのシンボルがよい悪いではなく、うまく使い分けて利用してください。

PCS（Picture Communication Symbol）
MOCA（Manga Output Communication Aid）
PIC（Pictogram Ideogram Communication）
Drop シンボル
U シンボル

10 環境設定・考え方

69 「できない」ことを個人因子と環境因子から評価する

ある活動を子どもが「できる」とか「できない」と評価することがあります。ICFは、人間の生活機能と障がいの分類法として、生活機能というプラス面からみるように視点を転換し、個人因子に環境因子などの観点を加えました。この2つ因子をさらに3つの観点に分けて検討してみましょう。

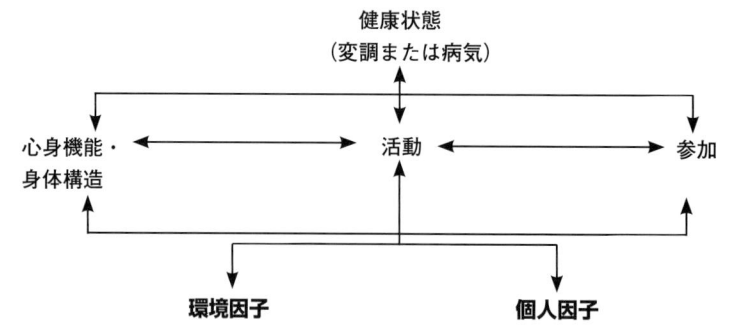

```
                    健康状態
                 (変調または病気)
                      │
        ┌─────────────┼─────────────┐
        ↓             ↓             ↓
   心身機能・  ←→   活動    ←→    参加
   身体構造
        ↑                           ↑
        │                           │
     環境因子                     個人因子
```

ICF（国際生活機能分類－国際障害分類改訂版－2001年5月WHOで採択）の構成要素間の相互作用

「できない」場合には、下の表の6つの欄のどこに問題があるのか検討してみると解決の糸口が見つかります。

障がいの重い子どもは、経験が不十分であるために、支援機器だけを工夫しても「できない」場合が多く見られます。子どもの不安を解消して、意欲的になれるように配慮して、しっかりしたイメージがもてるように工夫することも欠かせない大切な援助です。

	個人の抱えた困難	環境因子の改善例
わかる 理解 イメージ	・環境の認知（視る・聴く）力 ・経験によって得た知識量 ・経験によって得た理解力　等	・視覚支援・聴覚支援などを行う ・環境を整理整とんしてわかりやすくする ・簡潔な説明を積み重ねる
楽しい こころ 意欲	・環境になじめない ・人見知りをする ・意欲がもてない	・安心できる人的・物的環境の提供 ・小さな成功体験の積み重ね ・小さなサプライズを提供
できる 知覚 操作	・身体の操作が困難 ・身体感覚に困難さがある ・身体経験が不足している　等	・適正な姿勢・運動のサポート ・補助具の使用、支援技術の活用 ・リハビリの機会の保障　等

70 子どもにわかりやすい提示・環境設定

　ベッドサイドの授業では、登校がありません。担任がやってきて始まりを伝えたときが、授業の始まりです。時計や時間割、また、言葉の理解などが難しく、担任の存在に気づいて開始を知るという子どもも多くいます。担任の存在に気づいて授業の開始を期待してくれたら、とてもうれしいことです。

　写真の子どもは、好きなおもちゃを写真カードの選択で要求できるようになっていましたので、担任の顔の写真カードを作り、次のようにして授業の始まりと終わりを伝えるようにしました。

「授業の始まり」→担任の写真カードを箱から出して提示。
「授業の終わり」→担任の写真カードを箱にしまい、手を振り「さようなら」と言いながら立ち去る。

　繰り返すうちに、落ち着いて授業が終えられるようになり、授業の始まりも、カードを提示するとすぐに笑顔になるようになりました。また、授業がないときに短時間立ち寄っても、機嫌よくやり取りができるようになりました。

　写真カードの提示で以前より見通しをもって生活できるようになったといえます。

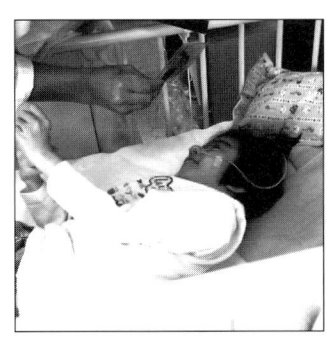

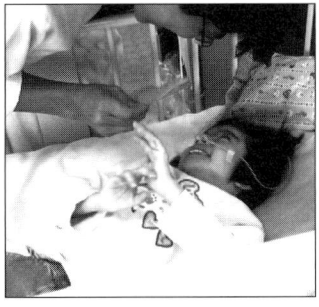

写真カード

10 環境設定・考え方

71 VOCAを活用した効果音のフィードバック

　写真①は、専用のカタパルトを使っておもちゃのマグネット・ダーツを飛ばしている様子です。このカタパルトは、ゴムの力を利用しているため発射したときの音がほとんどありません。子どもがスイッチなどを利用して活動を行っているときには、スイッチを押したら何かが作動することをしっかりとわかるように伝えなくてはいけません。この場合は、ダーツが飛ぶということが子どもにわかるように、スイッチを押すとダーツが発射すると同時に発射音がVOCA(携帯型会話補助装置)から出るようにしています。

　具体的なしくみですが、ビッグマックなどのVOCAにはリレー出力端子が内蔵されていて、こちらにケーブルを接続すると音声が鳴っている間、他の機器を作動させることができます(写真②)。

　また「1入力2出力ボックス」(『スイッチ製作とおもちゃの改造入門』明治図書刊参照)を製作すると、1つのスイッチで複数のおもちゃの操作ができるようになります(写真③)。

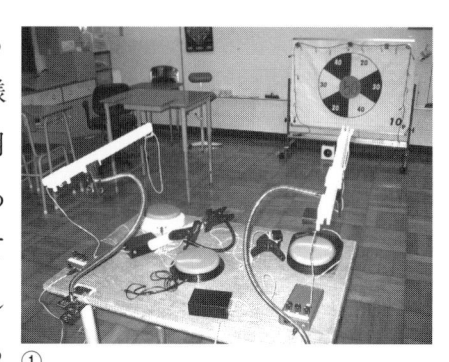

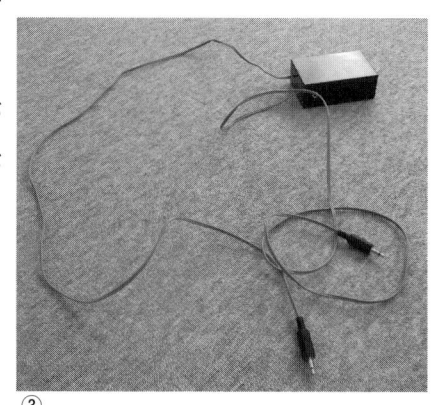

　このように子どもの活動に対して、しっかりとフィードバックすることによって、より楽しく活動をすることができます。

72 音と光を使ったフィードバック

写真①は、事例71で紹介したマグネット・ダーツの的です。事例71では、発射するときに音によるフィードバックを工夫する例を挙げましたが、ここでは的に当たったときのフィードバックを紹介します。一般的なマグネット・ダーツの的は非常に小さく、教室などで活動するのに不向きなので、写真ではホワイトボードに紙を貼り、大きな的を作ってあります。

①

ホワイトボードを利用しているのでマグネット・ダーツがバチンと大きな音をたてて貼り付き、ダーツの色もコントラストがはっきりとしていて、貼り付いたことが確認しやすいのですが、中央の的に当たったときも周囲にあたったときもアクションが同じだとおもしろくありません。そこで、的の中央に当たったときだけ特別なアクションが起きるように工夫がしてあります。

写真②は、的の中央を横から見たところです。的の中央は薄い鉄板でできており、その後ろの紙面にはアルミホイルが貼り付けてあり、それぞれケーブルでつながれ、鉄板とアルミホイルが接すると電気が流れスイッチが入るしくみになっています。スイッチはVOCAがつながっているので、ダーツが中央の的に当たると鉄板とアルミホイルが接し、スイッチが入りVOCAから「あたり〜っ!」の音声が出るしくみになっています。

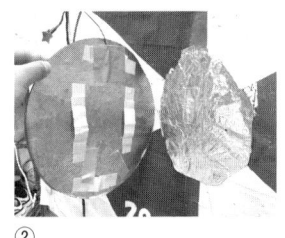

②

なお、一般的なVOCAはそれほど大きな音が出ないので、ギターアンプにつないで大きな音を出すと大人数でのゲームでも十分に楽しむことができます。また、音声によるフィードバックの他、的のまわりにクリスマスのときなどに使う電飾を使い、視覚的なフィードバックも取り入れることもできます。

VOCAって何？

マンガＡＡＣ入門 ● 18

　VOCAとはVoice Output Communication Aids（ボイス・アウトプット・コミュニケーション・エイド）の頭文字から作られた言葉で、携帯型会話補助装置といわれています。VOCAには１つのメッセージを録音してスイッチ操作で発声させるものから、50音表を読み上げたり、メールや電話機能のある複雑なものまでさまざまな種類があります。録音される音声も支援者が声を吹き込むものから合成音声を発するものなどさまざまで、使う人のニーズや理解の度合い、どのような操作方法が可能かで使い分けることができます。

　以下はおおまかな分類ですが、『特別支援教育におけるコミュニケーション支援』（ジアース教育新社刊）にはさまざまなVOCAを紹介していますので、参考にしてください。

● １つの音声から複数の音声を１スイッチで操作するVOCA
　「ビッグマック」「ステップバイステップ」「どな～る」など
● ボード型のVOCAで複数の音声を押し分けるもの
　「スーパートーカー」「テックトーク」「カーディナル」など
● 50音の文字盤を操作するVOCA
　「トーキングエイド」「ペチャラ」「レッツチャット」など

「スーパートーカー」

「トーキングエイド」

10 環境設定・考え方

73 写真カードの提示の仕方

　ベッド上で学習をしているAさん、絵本のページの端を少し持ち上げておくと、自分の手でページをめくることができます。めくったら、こちらが続きを読んでいきます。読み終わったら何冊かの本を目の前に提示して、次の本を一緒に選ぶようにしました。初めは視線だけで選んでいましたが、手でさわれて選べるようになったので、写真カード（本の表紙を撮影して作成）を目の前に提示することにしました。こうすると、小型化して選択肢を増やすことができ、目の前にない物や、物以外の活動の選択に幅を広げることもできます。A5サイズから、はがき・L判（写真サイズ）・名刺サイズと進み、一度に提示できる枚数や種類も増えてきました。

　他の支援者にも容易に行える形にしたいと考え、写真①のようにA4の書類ケース（半透明）見開きに貼って提示してみましたが、なぜか手で払いのけます。何度試しても結果は同じ。けれども、前の方法に戻すと選ぶことができました。違いをよく見直すと、書類ケースは、仰向けでベッドにいるAさんの視野のほとんどをふさいでおり、改めて50cm定規にして横一列に貼って提示（マジックテープを使用）すると（写真②③）、今度は難なく選ぶことができました。

　ベッドからの視野への思慮が足りず、Aさんに圧迫感を与えてしまっていたようです。Aさんは手で払いのけることでそれを伝えてくれましたが、そうでなかったら、ずっと気づけなかったかもしれません。Aさんに教わった、ベッドでの写真カードの提示方法の工夫でした。

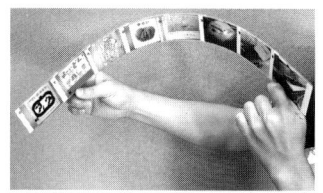

74

大きな画面を使って集会を成功させる

多くの人が集まる集会や行事では、できるだけ大きな画面を用意して、見るだけでも話の内容がわかるように工夫してみましょう。言葉だけではイメージできない子どもや経験の少ない子どもには、示された映像を見て言葉の意味をやっと理解するということも少なくないからです。

目で見るという行為は、思考をリードする傾向がありますから、適切な視覚支援があれば、話を一部聞き損なっても全体の流れの中で補うことができます。反対に、見るべきものがないと、偶然目に入った映像から思考が拡散してしまうおそれがあります。

今年はねずみ年です

明けましておめでとう

視覚支援はそれを準備する側にも利点があります。話の内容を視覚化しようとすると、話を順序よく簡潔に整理することが必要です。話が簡潔だと全体の理解が得られ反応がよくなります。全員で何かに取り組むなどという場合には、全体の動きがよくなります。年齢幅が広い集まりでも全体の興味を集中することができて集会や行事を成功させることができるでしょう。

子どもが司会・進行する場面でこのような演出を工夫しておくと、セリフを担当できない子どもにも出番を作れます。最初の画面に、司会・進行役の名前（できれば顔写真も）を映し出すようにしたら、他の子どもたちがもっとやりたがる役になるでしょう。

校長先生や施設の所長さんが、視覚支援を工夫して話をすると、職員全体も自然に見習うようになるでしょう。

10 環境設定・考え方

文字盤とは

何してるの？

文字盤よ 言葉がうまく話せなくてもこれがあればコミュニケーションがとれるでしょ

VOCAがあればいいんじゃない？

文字盤を使うと便利なことも多いの
1. 電池を使わなくてもいい
2. 音を出せない場所でも使える
3. 騒がしい所でも使える
　　　　　　etc

指差しがうまくできない時は？

透明な視線ボードを工夫して 使って向かい合って確認するの

人間の言語の起源は文字よりも音声のほうが先ですから、音声を操れるVOCAが便利なことはいうまでもありません。でも、音声には弱点もあり、「保存することができない」「聞くことよりも見ることのほうがわかりやすい人もいる」「まわりがうるさかったり、逆に静かにしなければならない場面では使えない」など気をつけなければならない点もあります。コンピュータなどの機器がそれほど発展していなかった時期には、文字盤はとても有効なコミュニケーション手段でした。大切なのは、「使い分け」です。

　写真は50音表を使った文字盤です。本人が指し示したり、支援者が指し示したものを本人のサインで確認したりと、さまざまな方法で読み取りながら利用します。視線だけしか確認の方法がない人の場合には半透明アクリルを利用した文字盤を使って向き合いながら意思を確認します。

　トーキングエイドやコンピュータはこれの応用だと考えればよいでしょう。

文字盤を使って言葉を遊ぶ

10 環境設定・考え方

75 トイレ指導（教員が絵カードを指し示す）

　トイレに行くことを自分から伝えられるようにしたいときに、話せない子どもにはサインや絵カードを使います。

　トイレの絵を描いたカードを指差したり、視線でポイントすることでしてトイレに行きたいというサインを出せるようにするには、「トイレに行きたいときは、この絵カードを指差ししてね」と言葉で説明して指示するだけでは不十分です。

　新しいやり方を教える場合は、目で見てすぐわかるように教える人が手本を何回もやって見せることが重要です。「トイレに行きましょうね」と言ってから、間をおいて、おもむろにトイレの絵カードを指差して、それからトイレに連れて行くことを、何回も繰り返し経験するようにします。しばらく続けると、子どもは「トイレに行きましょうね」と言われるとトイレの絵カードを目で探すようになります。このように見通しが育ってきてから次の段階に移ります。

　次の段階では見守りながら子ども自身に経験する機会を与えます。「トイレに行きましょうね」と言ってから、「トイレのカードはどこにあるかな？」と子どもに尋ねて、子どもが指差したり、視線でポイントすることが確実にできるように経験を重ねていきます。子どもができなくても「ここにあったね」とさりげなく教えていくようにします。このような積み重ねで、子どもは絵カードを表現に使うことができるようになります。

MOCA（絵シンボル）を使って

76

リモコンリレー（活用のアイデア）

　リモコンリレー（PA-102）は家庭用交流 100 V の電源を外部スイッチで入・切ができます（①）。調理の時間にミキサーを回したりするのにとても安全・便利なのでよく使われている機器です。インターネットなどの通信販売で購入できます。

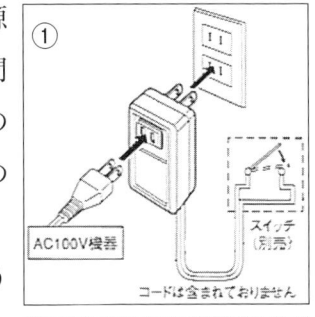

　このリモコンリレーと他の機器を組み合わせて使うとさまざまなことができます。

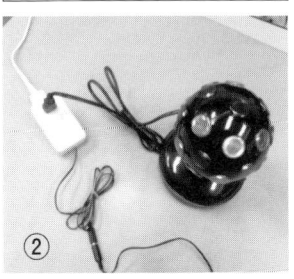

　まず、1つのスイッチを押しただけで、複数のイベントを起こしたいときには、リモコンリレーに3つ口コンセントを差し込みます（写真②）。卓上スタンド（クリスマス用電飾でもよい）、もう1つはミキサーにつなげば、ミキサーを回している間じゅう卓上スタンドが点灯します。さらに扇風機をつないでリボンを吹き流しても楽しいです。

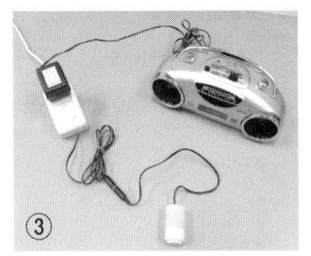

　ラジカセに電源アダプターのプラグを差し込んで、電源プラグをリモコンリレーに差し込みます（写真③）。再生したいテープを入れて、再生ボタンを押し込んだ状態にします。こうすれば、リモコンリレーを入・切するだけで録音した音楽を楽しめます。

　リモコンリレーを使うと電動ろくろを回すことができるので、ろくろに載せた人形や装置を回転させるなどいろいろなことに使えます。他にも、風呂の残り湯の汲み上げポンプを使って、水を撒く、ドライヤーの冷風を使って、袋に空気を送り込んでふくらませて人形を作る、電動ドライバーを回転させて、ひもを巻き取るなどができます。

交流電源リレーって何？

	バナナジュース作ってるんだよ
	やりたい人！
交流電源リレーを使えばできる	
	おいしいジュースができたね

扇風機やミキサーなど家庭用の100Ｖ電源で動く物を、外部のスイッチで操作したい場合に利用します。コンセントに交流電源リレーをつなぎ、交流電源リレーについているコネクタに電化製品をつなぎ、外部スイッチを接続して操作します。交流電源リレーはBDアダプターと異なり、動作はラッチ（スイッチの入力があるたびにONとOFFが切り替わる）になっているものが多いようです。

なお、電源リレーを使用する場合は、定められたＷ数を守ってください。自分で改造することや本来の使い方でない誤った使い方をすることはたいへん危険ですので、必ず専用の機器を正しい使い方でご使用ください。

また、調理活動で使用する際には、機器に水がかからない配慮も重要です。

交流電源リレーを使っている様子

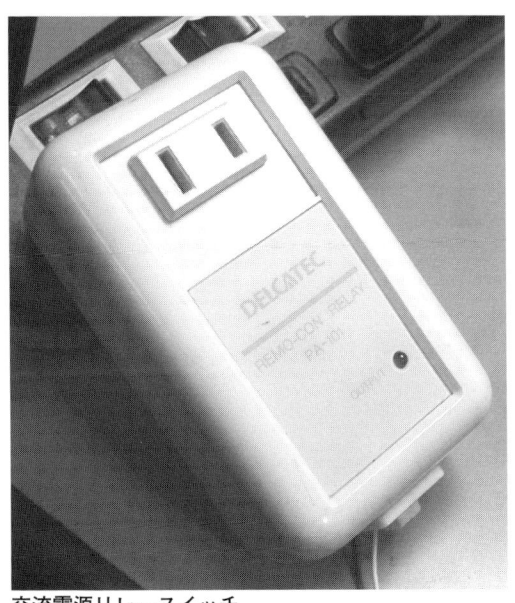

交流電源リレースイッチ

77 手作り視線ボード

言葉で伝えるのが難しい場合に、その人の視野に収まるサイズのボードを用意して絵や文字を提示し、指差しなどで意思表出を図る場合があります。ボードに半透明のアクリル板を用いれば、ボードをはさんで向かい合うことで、視線による選択表出ができる場合もあります。ボードを持っている人が相手の視線の動きをボードの裏側から見て確かめ、どこを見つめているかを判断して相手の意思を汲み取っていく方法です。半透明のボードは「視線コミュニケーションボード」として市販されていますが、使用する人に合わせて手作りされているケースも多くあります。

ここで紹介するのは、そのような手作り視線コミュニケーションボードを作る場合のアイデアです。ホームセンターなどで購入できる厚さ2mmくらいのアクリル板を用います。A4版かA3版が妥当なサイズです。アイデアのポイントはここからです。

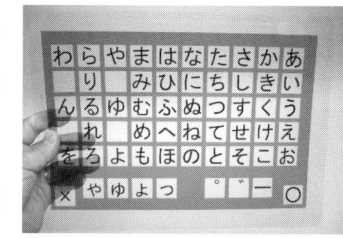

透明の下敷でも作れる

50音表のボードを作るのに、パソコン印刷用に市販されている「透明ラベル」を使うと便利です。パソコン上でレイアウトしたものを印刷して、あとは透明のアクリル板にそのまま貼り付けるだけです。半透明にしたい場合は50音表の背景色で調整できます。

粘着シートを活用

また、無地のボードに耐震用のすべり止めの粘着シートを貼り付けておくと、コミュニケーション場面で必要な絵カードや写真カードを、その都度簡単に貼り替えて使えるので効果的です。

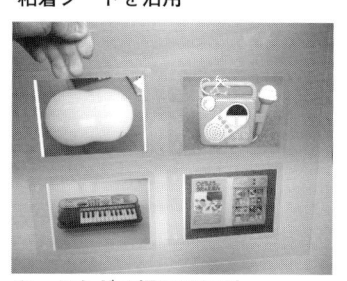

カードなどの提示に便利

あとがき

　マジカルトイボックスとして4冊目の本を出しました。1冊目は『特別支援教育におけるコミュニケーション支援』(ジアース教育新社刊)、2冊目は前著になる『アイデア＆ヒント123　障がいの重い子の「わかる」「できる」みんなで「楽しめる」』(エンパワメント研究所刊)、3冊目が『障がいのある子の力を生かすスイッチ製作とおもちゃの改造入門』(明治図書刊)。そして本書です。基本となるAACやATについての考え方は貫きつつも、それぞれに違った切り口で書かれています。ぜひ、本書と同様に活用してください。

　また、本文中に紹介した機器や関連会社については下記にあるマジカルトイボックスのWebページからリンクをはるようにしました。ぜひ、そちらを参考にしてください。

■マジカルトイボックスとは

　マジカルトイボックスは、主に障がいの重い子どもを対象にAT(支援技術)やAAC(補助拡大代替コミュニケーションの考え方)を普及するために1996年に発足したボランティア団体です。

　始まりは、東京都立府中養護学校(現：東京都立府中特別支援学校)の児童・生徒と保護者および教員が参加するパソコンを活用した学習会でした。おもちゃやスイッチの改造や製作を手がけるなど活動が発展するとともに、学校の枠を超えて保護者や子どもたちにも新しい世界を知ってもらいたいという声が会員の保護者から出て、イベント＆セミナーを開催するようになりました。

　取り組みが評価されて、2001年6月に「読売教育賞」を受賞、2006年12月には内閣府から「バリアフリー化推進功労者表彰」の内閣府特命担当大臣賞を受けました。運営を担当している事務局メンバーやアドバイザーにとどまらず、イベントに参加してくださった全国のさまざまな立場の方々が各地で実践を広げていったことが表彰に結びついたといえます。

　イベント＆セミナーは、夏と冬の年2回のペースで、2008年8月現在で26回目を数えています。北は北海道から南は沖縄の人まで参加し、情報や活動の交換を行っています。案内はWebページを中心に紹介していますので、そちらをご覧になって、お気軽にご参加ください。

　Webページ・・・・・http://www.magicaltoybox.org/
　メールアドレス・・・・・mtb@magicaltoybox.org

<編著者>

金森克浩

 独立行政法人国立特別支援教育総合研究所 総括研究員
 マジカルトイボックス事務局長
 1986年より東京都の肢体不自由養護学校（現特別支援学校）に22年間勤務。
 2008年4月より現職。アシスティブ・テクノロジーを専門に研究している。

<著者>

小松敬典（東京都立光明特別支援学校）

外山世志之（東京都立光明特別支援学校）

禿　嘉人（東京都立城南特別支援学校）

谷本式慶（東京都立多摩桜の丘学園）

（2008年12月現在）

■マンガ

KIYO

■イラスト

島　幸恵

本書の内容に関するお問い合わせは、下記のアドレスにメールにてお願いします。
mtb@magicaltoybox.org

マジカルトイボックスのアイデア＆ヒント+77
障がいの重い子の「わかる」「できる」みんなで「楽しめる」

発行日	2008年12月4日　初版　第一刷　（3,000部）
編著者	金森克浩
発　行	エンパワメント研究所 〒176-0011　東京都練馬区豊玉上2-24-1　スペース96内 TEL 03-3991-9600　FAX 03-3991-9634 https://www.space96.com e-mail：qwk01077@nifty.com
発　売	筒井書房 〒176-0012　東京都練馬区豊玉北3-5-2 TEL 03-3993-5545　FAX 03-3993-7177

編集　七七舎　　装丁　久保田哲士
印刷　（株）光邦
ISBN978-4-88720-573-4

アイデア&ヒント 123
障がいの重い子の「わかる」「できる」
　　　　　　　　みんなで「楽しめる」

障がいの重い子どもを対象にAT（支援技術）やAAC（補助拡大代替コミュニケーション）を普及するために発足したボランティア団体「マジカルトイボックス」に寄せられた、子どもの活動を豊かにするための123のアイデア・工夫を写真・イラストを多用して紹介。

編：マジカルトイボックス
B5版　152頁　定価　1,400円＋税

ご注文は　フリーダイヤル　FAX 0120-896-968 へ
　　　　　TEL 03-3991-9600
〒176-0011　東京都練馬区豊玉上2-24-1　スペース96内
E-mail qwk01077@nifty.com　URL https://www.space96.com
「障害者関係図書の新刊についての無料メルマガ」のお申し込みは
https://www.space96.com/mlma/mlma.html へ

＊送料は、5,000円以上お買い上げの場合は無料、5,000円未満の場合は全国一律350円です。
＊書店でご注文の場合は「筒井書房発売」とお申しつけください。